Im Land der Träume

Der Autor

Ingo Michael Simon ist Heilpraktiker für Psychotherapie und Hypnosetherapeut. Mit Hilfe hypnosegestützter Psychotherapie behandelt er vor allem Menschen mit anhaltenden psychischen Leiden. Angststörungen aller Art und psychosomatische Erkrankungen bilden den Schwerpunkt seiner Praxistätigkeit. Zu seinen therapeutischen Angeboten gehören hauptsächlich klassische und moderne Hypnoseanwendungen, somato-emotionale Psychotherapie und geführte Trancereisen durch die Welt des von ihm entwickelten TRAUMLANDES als innere Repräsentanz der Emotionen.

Ausbildungskurse

Ingo Michael Simon bietet regelmäßig Ausbildungskurse zu verschiedenen Hypnoseformen von der klassischen Suggestionshypnose bis zu modernen Visualisierungstechniken und natürlich zu der von ihm selbst entwickelten TRAUMLANDTHERAPIE an. Aktuelle Informationen, Angebote und Termine finden Sie auf *www.praxissimon.de.*

Im Land der Träume

Fantasiereisen für Erwachsene

Band 2

Ingo Michael Simon

Im Land der Träume
Fantasiereisen für Erwachsene 2

© 2014 Ingo Michael Simon
Herstellung und Verlag:
BoD - Books on Demand, Norderstedt
ISBN: 978-3-7322-8627-0
Covergestaltung: Magic Merlin

Kontakt zum Autor:

http://www.traumlandtherapie.de
http://www.praxissimon.de

Wichtiger Hinweis
Die Inhalte dieses Buches beruhen auf den praktischen Erfahrungen des Autors mit Hypnoseanwendungen und Psychotherapie im Zustand der Trance. Obwohl sich der Autor um größtmögliche Sorgfalt bemüht hat, können Fehler oder Missverständnisse in der Darstellung nicht vollkommen ausgeschlossen werden. Die therapeutische Arbeit mit Menschen sowie die Anwendung der Hypnose obliegen ausschließlich der Verantwortung des Hypnotiseurs. Es kann nicht ausgeschlossen werden, dass Teile dieses Buches falsch verstanden werden oder die Anwendung eines vorgestellten Verfahrens eine ungewünschte Reaktion beim Klienten bewirken kann. Eine Mitverantwortung des Autors besteht auch dann nicht, wenn unter Hinweis auf die Ausführungen dieses Buches mit einem Klienten gearbeitet wird.

Inhaltsverzeichnis

Chora'Ana
Institut

Ausbildung, Beratung & Gesundheit

Chora' Ana ist ein Ort der Unterstützung, Kräftigung und Begegnung, der achtsamen Kompetenz und des Wirkens. Wir bringen für Sie Berater, Ausbilder und Therapeuten aus ganz Europa zu Veranstaltungen an *einen* Ort ... mitten ins Zentrum von Saarbrücken!

Finden Sie bei uns Ihre Wunschausbildung oder das für Sie passende Beratungs- und Therapieangebot ... oder mieten Sie bei uns Ihren Raum und bringen auch *Ihre* Angebote an Beratung, Therapie und Ausbildung nach Saarbrücken!

Sie finden hier Räume mit Wohlfühlfaktor und eine prachtvolle Adresse, um Ihre Kompetenzen in der besten Form zur Wirkung zu bringen. Unsere Behandlungs- und Beratungsräume eignen sich besonders für den alternativgesundheitlichen Bereich. Von Business bis Alternativ, ganz gleich was Sie tun ... Sie dürfen sich bei aller Konzentration auch wohlfühlen. Wenn Sie nach einem Arbeitstag unsere Räume verlassen, darf es mit einem Lächeln sein.

Institut Chora' Ana
Bahnhofstraße 38 - 66111 Saarbrücken
Telefon 0681 / 910 31 667
www.Leben-Wissen-Gesundheit.de

Vorwort

Die von mir entwickelte TRAUMLANDTHERAPIE ist eine Form der Begleitung und Behandlung für Menschen, die in schwierigen Lebensphasen oder im Umgang mit Krankheiten alternative Hilfe suchen. Als Heilpraktiker für Psychotherapie arbeite ich vor allem mit Klienten, die unter schweren Angstzuständen leiden oder von Zwängen und anderen neurotischen Störungen betroffen sind. In den letzten Jahren der intensiven Auseinandersetzung mit tieferen Zugangsmöglichkeiten zu den verdrängten Emotionen meiner Klienten, die ich vor allem für sie selbst erfahrbar und verstehbar machen möchte, habe ich die spezielle Vorgehensweise der Traumlandreisen entworfen und kontinuierlich weiter entwickelt. Die Tagtraumreisen oder Fantasiereisen im und durch das Land der Träume können dabei in einer einfachen Form zur Entspannung und zum Abbau von Stressbelastungen eingesetzt werden, in der therapeutischen Version können damit mentale Probleme und psychische Störungen bis hin zu schweren krankhaften Psychosyndromen therapiert werden. Meine Erfahrung hat gezeigt, dass auch die begleitende Behandlung körperlicher Erkrankungen und die Therapie des psychischen Anteils der Krankheiten im Sinne einer psychosomatischen Psychotherapie von den Fantasiereisen der Traumlandtherapie profitieren. Da ich seit Jahren Texte für Hypnose- und Trancetherapeuten veröffentliche und immer wieder Anfragen zu der therapeutischen Version der Traumlandreisen erhalte, habe ich die Homepage der Traumlandtherapie überarbeitet. Auf *www.traumlandtherapie.de* gibt es Hörproben und Ausbildungsangebote und natürlich auch die Möglichkeit, Termine in meiner Praxis zu vereinbaren. Ich wünsche allen Therapeuten und Beratern, allen kranken und leidenden Menschen, aber auch allen, die sich aus anderem Grund für diese Fantasiereisen interessieren, dass sie im Land der Träume sich selbst neu und anders begegnen können und Befreiung und Zufriedenheit finden.

Ingo Michael Simon
März 2014

Die Traumlandtherapie

Die Arbeit mit Fantasiereisen (Trancegeschichten) ist älter als die Hypnosetherapie. Märchen und Erzählungen haben eine besondere Bedeutung, die in allen Kulturen der Welt weitgehend gleich ist. Sie werden erzählt, um Angst zu vertreiben, um Ruhe zu finden und um den Kindern etwas Lehrreiches mit auf den Weg zu geben. Verpackt in eine Geschichte soll auf Gefahren aufmerksam gemacht werden, sollen Moral und Tugend aufgebaut und gefördert werden und nicht zuletzt sollen böse Geister vertrieben werden. Im Grunde genommen geht es in Märchen immer um etwas Heilsames. Viele Therapeuten wehren sich sicherlich bei der Behauptung, dass eine Fantasiereise ein Märchen sei. Das hat wahrscheinlich damit zu tun, dass der Fantasiereise oder Trancegeschichte eine therapeutische Absicht anhaftet, was bei den Kindermärchen nicht der Fall ist. Dennoch wirkt das gleiche Prinzip. Unsere Vorstellungskraft wird gefordert. Wir versetzen uns beim Anhören immer in das Märchen oder eben in die Trancegeschichte hinein. Dabei spielt es keine Rolle, ob wir die Geschichte interessant oder albern finden. Wir gehen automatisch in die verschiedenen Figuren und Rollen hinein und machen uns ein Bild davon, was wir wohl selbst tun würden in der einen oder anderen Situation. Märchen beinhalten meistens Elemente, die nicht realistisch sind. Zauberei, Magie oder Wesen, die uns im Alltag nicht begegnen, spielen hier oft eine Rolle. Gleichzeitig ist der Kern der Geschichte doch immer sehr realistisch und gibt Anknüpfungspunkte zu unserem Leben. Die vermittelte Botschaft ist meistens eine Aufforderung, sich gut und ehrbar zu verhalten. Darauf verzichtet Therapie natürlich. Es geht ja nicht darum, einen moralisch guten Menschen zu erziehen, sondern Symptome zu lindern. Es ist jedoch das gleiche Prinzip. Fantasiereisen können Elemente oder Abläufe enthalten, die zauberhaft oder märchenhaft sind. In meinem Buch *Wellen am Horizont* gibt es beispielsweise eine Geschichte, bei der es um einen Freiheitsflug geht. Bei einer Fantasiereisen geht das einfach, indem wir die Arme ausbreiten und fliegen. In der Fantasie ist das kein Problem. Wer kennt nicht diese Fantasien, fliegen zu können, zaubern zu können? Gleichzeitig geht es aber auch um ganz reale Probleme oder im Falle der Behandlung von

Krankheiten auch um Symptome. Das Problem des Klienten wird in eine Geschichte verpackt, die ein symbolisches Spiegelbild der Thematik ist. Das wird intuitiv verstanden, so wie wir Metaphern und Vergleiche sehr leicht verstehen. Die von mir entwickelte Traumlandtherapie arbeitet mit ganz speziellen Märchen, genau genommen mit einer Märchenwelt, die der Klient selbst mit Leben füllt. Im Unterschied zu vielen anderen Trancegeschichten oder Fantasiereisen gibt es hier keinen vorgezeichneten Handlungsablauf und - zumindest bei den Fantasiereisen für Erwachsene - nur selten Figuren, denen ich Worte in den Mund lege. Meistens ist der Klient alleine im Land der Träume unterwegs und erkundet seine Emotionen und Bilder seiner Erinnerungen, um neue Wege zu finden. Manchmal trifft er auch Figuren, die in seiner Fantasie von alleine anfangen zu sprechen, ohne dass ich Inhalte oder Worte vorgebe. Die Traumlandreisen sind so aufgebaut, dass verdrängte Gefühle und Ereignisse wiederbelebt werden und auf einer tiefen Gefühlsebene verstanden und verarbeitet werden. Daher kommt die Traumlandreise auch ohne direkte oder verklausulierte Zielsuggestionen aus. Ziele und Wege findet der Klient im Land der Träume selbst. Es handelt sich also weniger um eine tatsächliche Geschichte als um eine Reise durch die eigenen Emotionen. Dabei kann der Zuhörer mehrfach die Perspektive wechseln und seine Probleme von verschiedenen Seiten her betrachten. Im Verlauf der Trancereise kann er außerdem Lösungswege ausprobieren und seine eigene Kreativität und innere Heilkraft wecken. Trancereisen regen immer zum Denken und Fühlen an, können praktisch keinen Schaden anrichten und sind leicht verfügbar. Mit etwas Fantasie können wir uns täglich neue Trancereisen ausdenken und sie unseren Klienten in der Beratung oder in der Therapie anbieten. Wenn sie sich für die Traumlandtherapie interessieren und diese gerne selbst erlernen möchten, besuchen sie mich doch einfach einmal auf meiner Homepage und informieren sich über aktuelle Kursangebote zur Traumlandtherapie auf *www.traumlandtherapie.de*.

Ich werde häufig auf meine Fantasiereisen angesprochen. In meinen Ausbildungsgruppen und von meinen Klienten höre ich immer wieder, dass die Geschichten sehr berührend sein können. Ich werde dann sehr oft gefragt, worauf denn zu achten sei beim Formulieren einer Fantasiereisen, um Schäden beim Klienten zu vermeiden. Natürlich gibt es gute und weniger gute Trancereisen. Doch sorgen sie sich nicht. Sie schaden ihrem Klienten nicht mit einer Geschichte, auch nicht mit einer visualisierten Reise durch seine Emotionen und Gedanken. Doch ich kenne schon das nächste Argument: Was helfen kann, kann auch schaden. Wer hilft, verändert ja etwas. Also kann auch eine negative Veränderung eintreten. - Ich bleibe stur! Fantasiereisen sind ungefährlich. Wir geben unseren Klienten Raum, da zu sein und sich zu öffnen. Ich versichere ihnen, dass das Gegenteil viel dramatischer ist: Schweigen, Ablenken und nicht darüber reden oder nicht einmal an die Probleme denken. Das führt zu einem immer größer werdenden inneren Druck, der die Problematik verschlimmert. Ich verzichte auf eine theoretische Erklärung der Wirkungsweise von Fantasiereisen und darüber, welche Wörter man benutzen oder lieber weglassen sollte, wenn man solche Geschichten schreibt oder frei formuliert. Probieren Sie die Tagträumereien einfach einmal aus und versuchen Sie doch einmal nach einiger Zeit, selbst eine Fantasiereise zu schreiben. Sie werden sehen, dass es vor allem auf die liebevolle und zärtliche Grundhaltung beim Formulieren und beim Lesen oder Sprechen ankommt, auf Respekt und ehrliche Akzeptanz. Das ist dann schon mehr als genug, um eine gute und auch therapeutische Wirkung zu erzielen.

Die Fantasiereisen der Traumlandtherapie folgen jedoch einem klaren Aufbau, den ich im Verlauf meiner Praxistätigkeit entworfen und weiterentwickelt habe. Das hat vor allem damit zu tun, dass es sich in meiner Arbeit überwiegend um Therapie handelt und eine klare Struktur den Ablauf der Sitzung erleichtert. In der direkten Arbeit mit meinen Klienten lese ich nie einen Text ab, sondern formuliere alle Fantasiereisen oder Hypnosetexte frei und individuell. Doch es wäre nicht sehr professionell, einfach drauf los zu erzählen. Unsere Klienten brauchen in der Regel etwas Zeit, um von Alltagsgedanken Abstand zu nehmen und sich auf das Fantasieren und Visualisieren einzustellen. Außerdem geht es ja nicht um freie Assoziation des Klienten sondern um die Konfrontation mit Themen und Eigenanteilen. Ein klarer Aufbau, der die innere Schrittfolge von Erkennen, Verstehen und Verändern berücksichtigt, bietet sich daher dringend an. Bereits die Rückmeldungen zu den ersten

Bänden meiner Buchreihe *Zehn Hypnosen* hatten gezeigt, dass der Bedarf an therapeutischen Texten hoch ist. Ich habe bereits früher Fantasiereisen in Büchern veröffentlicht, gehe mit dieser neuen Buchreihe nun aber dazu über, den Aufbau der Reisen deutlicher zu strukturieren und damit für die Leser nachvollziehbar zu machen. Die einzelnen Abschnitte sind daher jeweils am Anfang mit einem kursiv gedruckten Hinweis versehen, der klarstellt, welche therapeutische Funktion der betreffende Textteil hat. Folgende Schritte gehören zu einer therapeutischen Fantasiereise des Traumlandes:

1. Hinführung zum Thema (Themeninput)
2. Ankommen im Land der Träume
3. Distanzierung vom Bewussten
4. Bewusstseinsreinigung
5. Konfrontation und Klärung
6. Schritt in die Gegenwart
7. Kreative Neuausrichtung
8. Selbstversöhnung
9. Achtsamkeit und Selbsttreue

Die Hinführung zum Thema sollte immer möglichst nah am tatsächlichen Erleben und an der Geschichte des jeweiligen Klienten formuliert werden. Ich habe diesen Abschnitt am Anfang jeder Trancereise kursiv gedruckt und in Klammern gesetzt. Entscheiden sie selbst, ob sie diese Einleitung so übernehmen oder eine individuelle Hinführung benutzen. Ich habe darauf geachtet, alle Textteile so zu formulieren, dass sie auch ohne Anpassung und Umformulierung benutzt werden können. Wenn sie mit einem Klienten in mehreren Sitzungen arbeiten, empfehle ich die Abschnitte *Ankommen im Land der Träume, Bewusstseinsreinigung, Schritt in die Gegenwart* und den letzten Abschnitt, *Achtsamkeit und Selbsttreue,* ab der zweiten Sitzungen immer sehr ähnlich zu halten. Diese Schritte gelten als Fixpunkte für den Klienten, der in jeder Reise einen unterschiedlichen Schwerpunkt seines Themas bearbeitet und sich an dem verlässlichen Gerüst dieser Abschnitte festhalten kann. Er erkennt das Land der Träume an diesen „Stationen" immer wieder als die Plattform seiner inneren Auseinandersetzung mit sich selbst. So kann der Klient in jeder Sitzung ein sehr unterschiedliches und sich stark veränderndes Land der Träume erleben, gleichzeitig aber vertraute und ihn führende Elemente wieder erkennen. Die jeweils erste Fantasiereise dient als Grundversion, die dem Zuhörer das Land der Träume und das Grundprinzip der verdrängten Gefühle erklärt. Daher weicht der Aufbau der ersten Sitzung von der typischen Schrittfolge, die ich gerade erläutert habe, ab. Eine Tranceeinleitung oder Induktion ist nicht erforderlich. Fantasiereisen führen ganz von selbst in einen Entspannungszustand, der einer Therapietrance entspricht. Dieser Zustand ist vollkommen ungefährlich. Lassen sie ihrem Klienten am Ende der Reise etwas Zeit zum Wachwerden und helfen sie etwas dabei. Auch hierzu ist keine klassische Tranceausleitung notwendig, kann aber verwendet werden. Ich habe eine „Ausleitung" an das Ende jeder Reise gehängt.

Für jedes Buch dieser Reihe wähle ich zwei verschiedene Themen aus, zu denen ich jeweils fünf Fantasiereisen schreibe, die als Sitzungsfolge verstanden werden können. Die Reihenfolge und die Vorgehensweise der fünf Fantasiereisen sind so gewählt, dass sie als Therapeut mit einem Klienten in der Schrittfolge der Traumlandtherapie fünf aufeinander folgende Sitzungen gestalten können. Wenn sie die Reisen für sich selbst nutzen wollen, nehmen sie sich einfach die fünf Reisen als Audiodatei auf und hören sie sich diese an. Nutzen sie jede Aufnahme für die Dauer einer Woche und hören sie diese täglich an. Spüren sie dann selbst die Wirkung. Denken sie bitte auch daran, dass selbst gesprochene Fantasiereisen nicht die Behandlung durch einen Arzt oder Heilpraktiker ersetzen. Die einzelnen Fantasiereisen bauen jedoch nicht inhaltlich aufeinander auf, das ist auch in meiner Praxis nicht so. Der Zuhörer muss nicht die zweite gehört haben um die dritte zu verstehen. Es können also auch einfach einzelne Reisen, die ihnen gut gefallen, in der Praxis benutzt werden. Alle Texte sind leicht zu verstehen, auch ohne jede Vorkenntnis. Sie wollen wissen, welchem Grundverständnis die Traumlandtherapie folgt? Nichts einfacher als das. Lesen sie einfach eine Grundversion (Erste Sitzung). Dann wissen sie alles, was wichtig ist. Sie müssen nicht danach suchen. Sie werden sehen, dass sich die Traumlandtherapie selbst erklärt.

Psychosomatik, allgemein
Erste Sitzung (Grundversion)

[Dein Körper ist krank. Du bist in Behandlung und willst wieder gesund werden. Du weißt, dass zu jeder körperlichen Krankheit auch eine seelische Komponente gehört, dass unser emotionaler Zustand, also die Lage unserer Gefühle und Stimmungen immer einen Beitrag leisten kann beim Aufkommen oder Entstehen einer Krankheit, beim Verlauf und bei der Aussicht auf Besserung oder Heilung. Viele Menschen stellen die Frage nach dem Warum, fragen sich also, welche tief liegenden Ursachen es für eine bestimmte Erkrankung oder Krankheitsphase gibt. Oftmals fragen kranke Menschen auch danach, welche psychischen oder seelischen Ursachen und Gründe es für das Krankwerden gibt. Doch diese Frage ist meistens verbunden mit dem Gedanken, etwas irgendwie falsch gemacht zu haben. So als würde das Krankwerden uns dafür bestrafen, dass wir nicht sorgsam mit uns umgegangen wären oder etwas falsch gemacht hätten, Schuld auf uns geladen hätten. Vielleicht kennst du solchen Gedanken. Doch bevor wir uns mit diesem Gedanken befassen, sollten wir heute die Frage nach dem Wozu stellen. Wozu kannst du dein Kranksein nutzen? Du kannst es zunächst einmal dazu nutzen, dich auf den Weg zu machen, zu verstehen, welchen Einfluss deine Gefühle auf das Krankwerden und Kranksein haben und welche Rolle sie beim Gesundwerden und bei Heilung spielen. Diese Geschichte erzählt dir das Land der Träume. Deshalb bist du hier.]

Ankommen im Land der Träume. Das Land der Träume wartet auf dich … … Es befindet sich an einem geheimen Ort, an den nur du gehen kannst … … geheim aber ganz nah … … Konzentriere dich auf die Mitte deines Körpers, auf das Sonnengeflecht, und richte deine gesamte Achtsamkeit dorthin … … Tauche mit deiner gesamten Aufmerksamkeit durch das Sonnegeflecht in deinen Körper ein … … versinke mit jedem Atemzug tiefer und tiefer in dir selbst … … mit jedem Atemzug tiefer … … Du tauchst damit ein in die Welt deiner eigenen Kreativität und Fantasie … … in das Land deiner Träume … … Vielleicht weißt du ja, dass Traum und Wirklichkeit nur einen Atemzug voneinander entfernt sind … …

Der heilsame Weg. Das Land der Träume liegt tief in dir … … in deiner Fantasie, doch Fantasie und Wirklichkeit liegen nur einen Wimpernschlag voneinander entfernt … … Du kannst das Land der Träume in Bildern erleben, aber auch in Gedanken und Gefühlen … … Die Reise beginnt in deinem Kopf … … Du gehst in das Innere deines Kopfes und kommst damit in einem unendlich großen Raum an, so groß wie das Universum, denn auch wenn dein Kopf eine gewöhnliche Größe hat, so sind doch die Gedanken, die dein Gehirn denken kann, unbegrenzt … … In deinem Kopf findest du also deine Gedanken, die du dir vorstellen kannst wie Seifenblasen, die durch den Nachthimmel schweben … … schnell gebildet, können sie auch schnell wieder zerplatzen und Platz machen für neue Gedanken … … Doch viele von ihnen sind schon viele Jahre in deinem Kopf … … Da gibt es dann graue Seifenblasen, die im dunklen Nachthimmel gar nicht so leicht erkennbar sind … … Sie verschmelzen mit der Nacht und fallen kaum auf … … Die Farbe Grau zeigt dir im Land der Träume immer etwas Unerledigtes und Beschwerliches … … etwas, das dir aus der Vergangenheit nachhängt wie ein Schatten … … ein Schatten der Vergangenheit und in diesem Fall Gedanken, die aus der Vergangenheit kommen … … die beschwerlichen Gedanken, die Vorstellungen von Schuld und Sünde … … Hier im Land der Träume kannst du lernen, dass graue Gedanken immer unklare Gedanken sind, die dich hindern und blockieren, denn sie besitzen keine Farbe, sind Mischungen aus vielen Farben … … Vielleicht hast du dir schon einmal überlegt, wie Gedanken entstehen oder wie sie mit Gefühlen zusammen hängen … … Viele Menschen glauben, dass sie unabhängig voneinander wären, andere behaupten, die Gefühle wären die Grundlage der Gedanken oder Gedanken Übersetzungen von Gefühlen … … Sie vergessen den Körper, der die Brücke zwischen beiden darstellt … … Du kannst dir das so vorstellen, dass tief in dir deine Gefühle existieren, die deinen Körper informieren, wenn sie angesprochen werden … … Dein Körper sendet dann Signale an dein Gehirn, das daraus einen Gedanken formt … … Wenn es also graue Gedanken gibt, dann nicht deshalb, weil du dir zu viele Gedanken machen würdest oder einen Denkfehler begehst, sondern weil deine Gefühle im Unklaren liegen, eben auch grau sind … … weil zu viele übereinander liegen … … Deine Gedanken filtern alle Wahrnehmungen und bewerten sie … … Das ist normal, das tun alle

Menschen so … … Doch wenn wir für unsere eigenen Gefühle und Bewertungen abgelehnt oder bestraft werden, speichert unser Organismus unsere Gefühle nicht ungestört, sondern speichert das von uns erwartete Gefühl ebenfalls ab … … Beide liegen dann übereinander und sind in ihrer ursprünglichen Farbe nicht mehr erkennbar und werden grau … … So ist es geschehen, dass du deine eigenen Gefühle oftmals in deinem Leben verheimlicht hast und ihre Schönheit und Ursprünglichkeit in dem Grau der vielen Anforderungen von außen oder deiner eigenen Rücksichtnahme auf andere nicht mehr fühlen kannst … … Dein Gefühlszentrum sendet dann graue Informationen in deinen Körper, der mit Empfindungen reagiert, die dein Verstand nicht richtig versteht … … und es entstehen graue schwermütige Gedanken, die wiederum zu neuen Fehlbewertungen deiner Gefühle führen … … Ein Teufelskreis, aus dem es einen Ausweg gibt … … das Land der Träume, das alles in Ordnung bringen kann … … Im Land der Träume und damit in deinem Körper und auch in deinen Gedanken gibt es die Farbe Weiß, die dir helfen kann, das Grau aufzulösen und damit wieder Platz zu schaffen für deine ursprünglichen und echten Gefühle … … Weiße Seifenblasen lösen die grauen mit der Zeit auf, weißes Licht im Land der Träume reinigt deine Gefühle, deinen Körper und deine Gedanken … … Dann geht die Reise weiter durch deinen Körper … … Du findest ganz viele graue Stellen in deinem Körper, vor allem dort, wo die Krankheit am meisten sitzt oder wirkt … … Die vielen verdrängten Gefühle, genauer gesagt die Überlagerung durch so viele vermeintliche Gefühle, die niemals deine eigenen waren, haben dazu geführt, dass dein Körper schwächer geworden ist, ohne dass du das bemerkt hattest und damit auch anfälliger für Krankheiten … … Dafür kannst du nichts … … Es war nie deine Schuld … … Es ist Teil deiner Geschichte, dass es dir nicht möglich war, deine eigenen Gefühle ausreichend spüren und leben zu können … … Damals ging es nicht anders … … Damals musste viel Grau entstehen … … Das Grau war der Boden, auf dem Krankheiten schneller einsteigen und sich ausbreiten können … … Das Traumland kann diese Entwicklung rückgängig machen, kann die Schönheit der Farben wieder zum Leuchten bringen und damit einen heilsamen Boden schaffen … … Das kann zur Besserung, Linderung oder Heilung führen … … manchmal mehr und deutlicher als es die Prognose einer Krankheit zulassen würde … … Du fliegst in deiner Fantasie durch deinen Körper und findest ganz viele weiße Kugeln, die diese reinigende und heilsame Kraft haben, das Grau aufzulösen und die ursprünglichen Farben und die Vielfalt der Farben in dir wieder aufblühen zu lassen … … Du schenkst deinem Körper Achtsamkeit und spürst, dass die weißen Kugeln in dir anfangen sich zu bewegen und zu den grauen und kranken Stellen wandern, um das Grau zu beenden … … Auf deiner Reise durch deinen Körper findest du auch hellblaue Kugeln, deren Farbe im Land der Träume immer ein Hinweis darauf sind, dass du deine Geschichte schon bald liebevoll als Teil deines Lebens annehmen kannst und auf das, was in der Vergangenheit nicht sein konnte, verzichten kannst … … auf all die unerfüllten Wünsche und Sehnsüchte, die im Nachhinein nicht mehr erfüllt werden können … … Dann findest du die Farbe Goldgelb, die als goldgelbe Energie durch deinen Körper fließt … … Goldgelb, in der Natur als leuchtendes Ocker vorkommend, ist die Farbe des Erkennens und Lernens … … Diese Energie des Lernens ist in dir, und im Land der Träume hilft sie dir, von deinen echten Gefühlen zu lernen, denn von deinen wahren Gefühlen kannst du immer lernen und an ihnen wachsen und reifen … … ganz gleich, wie diese Gefühle beschaffen sind, auch und gerade dann, wenn sie beschwerlich, traurig oder schmerzhaft sind … … Deine wahren Gefühle können weh tun, doch sie können dir niemals schaden … … Dann gibt es noch die Farbe Silber in deinem Körper, die du auf dieser Reise in deinen Augen findest … … Silber ist die Farbe der Wahrheit und ermöglicht dir immer dann, wenn sie dir begegnet oder du an sie denkst, einen Blick in deine konstruktive und heilsame Zukunft … … und deine Zukunft beginnt schon mit dem nächsten Wimpernschlag … … Silber zeigt dir Hoffnung, den Silberstreifen am Horizont … … und als stärkste Farbe findest du das Gold, das auf dieser Reise als goldene Kraft überall in deinem Körper funkelt und blitzt wie kleine Sterne, die sich überall in deinem Körper befinden … … Die Farbe Gold ist die Farbe der Lebenskraft, der Kraft der Schöpfung und des Universums … … Die goldene Kraft hilft dir, immer wieder einen heilsamen Weg zu gehen, immer wieder im Augenblick der Gegenwart anzukommen, denn nur dort lebst du, alles andere ist nicht möglich … … Vergangenheit existiert nicht mehr, deine Erinnerung ist eine Vorstellung davon, was in der Vergangenheit war … … in der Vergangenheit, die zu dir gehört und dir beim Lernen und Wachsen hilft, doch zu erledigen gibt es in ihr nichts mehr, es ist bereits alles getan ... ... Schließlich gibt es noch das Rot, die Farbe der Liebe und im Land der Träume die Farbe deiner Selbstliebe, der Liebe von dir für dich, die du wahrscheinlich nicht so deutlich spürst oder hast ... ... Doch du kannst sie finden, in deinem Körper im roten Blut und im Rot deines Herzens und im Land der Träume im Morgenrot, im Rot der Rosen und der reifen Früchte ... ... Rot erinnert dich daran, dass du es wert bist geliebt zu werden, von anderen und von dir selbst ... ... Dann schickst du die Farbe Rot zu der kranken Stelle deines Körpers, damit sie das Grau verwandelt in eine schöne leuchtende Farbe deiner Wahl, in eine Farbe, die dir wirklich gefällt ... ... in deine Lieblingsfarbe ... ...

Emotionale Verankerung und Motivation. Dann konzentrierst du dich auf dein Körpergefühl und atmest tief ein und aus ... ... Du spürst deinen Körper und fühlst, wie er sich wirklich anfühlt ... ... anders als du dachtest ... ... denn im Land der Träume fühlst du, was du wirklich fühlst ... ... denkst du, was du wirklich denkst ... ... erkennst du, wer du wirklich bist ... ... und wie liebenswert du bist ... ... Du bereitest dich innerlich darauf vor, das Land der Träume noch mehr zu erkunden, das ganze Land auch außerhalb deines Körpers kennen zu lernen, bald schon ... ... sehr bald ... ... Du machst dir noch einmal klar, dass das Land der Träume ganz tief in dir drin ist. Dort war es schon immer ... ... Ich erzähle dir nur davon ... ...

[Erlaube dir noch einen Augenblick der Entspannung und spüre in die Tiefe deines Gefühls. Nimm alle Bilder und Gedanken einfach an und begegne ihnen mit Achtsamkeit und Sanftmut. Lass deine Atmung bewusst werden. Spüre den Wind deines Atems und komm mit dem nächsten Atemzug zurück in deinen Körper. Spüre und erlebe deinen Körper bewusst. Spüre auch die Unterlage, auf der du sitzt/liegst, und bereite dich darauf vor, in Verbundenheit zu dir selbst wach zu werden. Dein Körper hat das Bedürfnis sich zu bewegen und du wirst nun wieder wach. Du öffnest die Augen und bist wach!]

Psychosomatik, allgemein
Zweite Sitzung (Vergangenheitsbewältigung)

[Die Last der Vergangenheit kann riesengroß werden in uns. Eigentlich sollte das Vergangene nicht zur Last werden. Ereignisse und Erlebnisse unseres Lebens können Lasten in der Gegenwart sein, doch eigentlich nur in der Gegenwart, in der sie geschehen sind, im Augenblick der Gegenwart von damals. Doch jeder Augenblick wird mit dem nächsten Wimpernschlag schon zur Vergangenheit, die niemals wiederkehrt, nur in unseren Gedanken. Auch du kennst die Lasten der Vergangenheit, die in deinen Gedanken nie aufgehört hat zu existieren. Das musste so geschehen, weil du damals, als die Ereignisse der Vergangenheit, die dich heute noch beschäftigen, geschehen sind, nicht ausreichend Zeit oder Gelegenheit hattest, sie zu verstehen und zu spüren. Gespürt hast du schon etwas, doch meistens eben die Gefühle, die von dir erwartet wurden oder die du noch früher gelernt hast, zu spüren. Doch das waren nicht deine Gefühle, sondern die der anderen. Die Last des Vergangenen kann am ehesten dann vergehen, wenn die echten Gefühle der damaligen Zeit, die Gefühle, die wirklich deine waren, endlich zu ihrem Recht kommen. Zu dem Recht, da zu sein und dir zu helfen, denn das können unsere Gefühle immer, auch und gerade die beschwerlichen und schmerzhaften.]

Ankommen im Land der Träume. Das Land der Träume wartet auf dich … … Es befindet sich an einem geheimen Ort, an den nur du gehen kannst … … geheim aber ganz nah … … Konzentriere dich auf die Mitte deines Körpers, auf das Sonnengeflecht, und richte deine gesamte Achtsamkeit dorthin … … Tauche mit deiner gesamten Aufmerksamkeit durch das Sonnegeflecht in deinen Körper ein … … versinke mit jedem Atemzug tiefer und tiefer in dir selbst … … mit jedem Atemzug tiefer … … Du tauchst damit ein in die Welt deiner eigenen Kreativität und Fantasie … … in das Land deiner Träume … … Vielleicht weißt du ja, dass Traum und Wirklichkeit nur einen Atemzug voneinander entfernt sind … …

Distanzierung vom Bewussten. Du gehst auf der Straße der Skulpturen … … der Skulpturen, die wie Kunstwerke am Straßenrand stehen und alle dein Gesicht haben … … Sie zeigen dich in unendlich vielen Körperhaltungen und mit ebenso vielen Gesichtsausdrücken … … Du kommst zu einer silbernen Skulptur, die dich so zeigt wie du zur Zeit deiner Erkrankung ausgesehen hast oder immer noch aussiehst … … Diese Skulptur sieht so aus, wie du am schlimmsten Tag oder in der schlimmsten Phase der Krankheit ausgesehen hast … … und die Stelle oder der Bereich deines Körpers, der davon betroffen war oder ist, sieht beschädigt und abgenutzt aus … … so, als bröckle die Skulptur dort auseinander … … Du bleibst stehen und schaust dir die Skulptur genau an … … Du weißt, dass es Gefühle sind, die uns krank machen können bzw. die dafür sorgen können, dass unser Organismus Krankheiten schlecht abwehren kann … … doch immer nur die Gefühle, die nicht wirklich deine eigenen waren, sondern eingebildete Gefühle oder eingeredete … … anerzogene oder erzwungene, die du dann irgendwann für deine eigenen gehalten hast … … Und vor deinen Augen zerfällt die Skulptur zu Staub, und an der Stelle, an der die Krankheit war, bleibt eine goldene Seifenblase zurück, die langsam in den Himmel steigt … … Sie trägt dein wahres Gefühl in den Himmel des Traumlandes … … das Gefühl oder die Gefühle, die du so oft verleugnen und verdrängen musstest … … das Gefühl oder die Gefühle, die dir nicht erlaubt waren oder die du selbst nicht zulassen konntest … … aus Angst vor Ablehnung oder Strafe … … Du schaust der goldenen Seifenblase hinterher, die immer höher steigt und gehst weiter … …

Bewusstseinsreinigung. Du findest eine kleine weiße Kerze … … Du nimmst sie in die Hand und beobachtest das wunderschöne weiße Leuchten des Kerzenlichtes … … und mit jedem Atemzug, den du machst, wird das Leuchten der Kerze weiter und größer … … Um die Kerze herum bildet sich eine leuchtende Kugel aus weißem Licht, die immer größer wird … … bis du schließlich ganz von dem Leuchten der Kerze umgeben bist … … eine Kugel aus weißem Licht umgibt dich, so klar und so glatt wie eine Glaskugel, doch die Wände bestehen aus purem Licht … … Deine Hände und deine Armen beginnen, weiß zu leuchten, weißes Licht strahlt aus deinem Körper … … und angefüllt von der reinen Kraft des weißen Lichtes gehst du mit einem großen Schritt aus der Lichtkugel heraus … …

Konfrontation und Klärung. Du stehst auf frisch gepflügter Erde, der Boden hat einen kräftigen Ockerton, hell leuchtend, fast siehst es aus, als wären kleine goldene Körnchen in der Erde … … ein Feld, dass zur Aussaat bereit steht … … und mitten auf dieser frisch gepflügten Erde liegt die Kristallkugel des einen Augenblicks … … in der Kugel des einen Augenblicks, die so groß ist, dass du hinein gehen kannst, findest du etwas, das du in einem einzigen Augenblick verstehen kannst … … vielleicht ist dieser Augenblick ja heute ganz nah und du erlebst ihn in der Kugel … … oder aber dieser eine Augenblick kommt an einem der nächsten Tage, vielleicht gibt es ihn auch an jedem weiteren Tag in deinem Leben und du erlebst ihn immer wieder, kannst immer wieder erkennen und lernen, tief in dir drin … … Du gehst zu der Kugel des einen Augenblicks und schaust hinein … … Im Inneren steht eine Liege … … und mit einem großen Schritt gehst du hinein … … Du legst dich auf die Liege und schaust an die Wand der Kugel, die sich über dir wölbt … … und langsam, nach und nach, entstehen Bilder an der Wand der Kugel … … Bilder, die dir Szenen und Eindrücke aus einer Zeit lange vor deiner Erkrankung zeigen … … aus einer Zeit als du noch jünger warst … … vielleicht sogar aus deinen Kindertagen … … Du konzentrierst dich auf die Stelle oder den Bereich deines Körpers, der von der Krankheit betroffen war oder immer noch ist, und überlegst dir, welches Gefühl wohl an genau dieser Stelle deines Körpers abgespeichert ist … … Du konzentrierst dich weiter und schaust nach oben und siehst Bilder aus der Zeit, in der das Gefühl dieser Körperstelle entstanden ist … … Lass die Bilder einfach da sein, was auch immer sie dir zeigen … … vielleicht siehst du Ereignisse, vielleicht auch Personen … … Sie zeigen dir nicht, wer oder wie das Gefühl verursacht wurde, sondern sie bringen dich in die Zeit, in der es entstanden und gewachsen ist … … Du tauchst in die Bildern ein und vielleicht ist es ja auch nur ein einziges Bild, das du da siehst … … eine Situation oder eine Person … … Lass einfach zu, was du siehst … … und selbst wenn du gar nichts erkennen könntest oder kein Gedanke in dir aufkommen sollte, sind die Bilder bereits hier in der Kugel des einen Augenblicks … … Spüre dann einfach in die Stelle deines Körpers hinein, die von der Krankheit betroffen war oder ist … … und fühle, was dein Körper jetzt dort fühlt, in genau diesem Moment … … Du musst dem Gefühl keinen Namen geben, keine Bezeichnung, denn das wäre bereits eine Interpretation und damit dann eine Beurteilung … … Doch für deine Gefühle gibt es weder Beurteilungen noch Interpretationen … … es gibt eine Empfindung deines Körpers, die du wahrnehmen kannst, das genügt … … Nimm diese Empfindung jetzt wahr … … Damals haben dich die Umstände geschwächt und dir Kraft geraubt, damals konnte es nicht anders geschehen, denn du konntest deine eigenen Gefühle nicht unverstellt wahrnehmen, sondern musstest darauf achten, welche Gefühle von dir erwartet wurden oder welche du dir selbst erlaubt hast, und auch die haben sehr viel damit zu tun, welche Gefühle dir als die erwünschten auferlegt wurden … … Heute kannst du dein Gefühl von damals vielleicht besser spüren, doch vielleicht bist du dir auch gar nicht sicher um deine aktuelle Empfindung … … Sorge dich nicht, alles ist in Ordnung … … Es kommt nicht darauf an, dass du mit deinem Verstand irgendetwas verstehst oder erkennst, das wäre der falsche Weg oder zumindest ein sehr unsicherer … … Das Notwendige geschieht tief in der Welt deiner Gefühle in genau diesem Augenblick in der Kugel des einen Augenblicks … … Du gehst den Weg des Traumlandes … …

Schritt in die Gegenwart. Goldenes Licht strahlt dir plötzlich entgegen wie aus einem riesigen Scheinwerfer … … Du gehst darauf zu und bemerkst, dass es ein goldenes Tor ist, das offen steht und aus dem dieses Licht erstrahlt … … das Tor der inneren Freiheit, die Brücke zur Gegenwart … … Das offen stehende Tor zeigt dir, dass es jetzt darauf ankommt, einerseits Vergangenes weiter in dir wirken zu lassen, damit dein Organismus von den Erinnerungen und Gefühle der früheren Zeit lernen kann, andererseits nun mit deinen Gedanken und mit den heutigen Gefühlen in deine Gegenwart zu gehen … … in die Zeit, die du gestalten kannst … … Und mit einem großen Schritt gehst du durch das goldene Tor und kommst im Augenblick der Gegenwart an … …

Kreative Neuausrichtung. Du kommst zu einem Brunnen mit frischem Wasser … … am Brunnen steht eine Schale mit frischen Heilkräutern und einem duftenden Balsam … … Du schüttest die Zutaten in das Wasser des Brunnens und atmest tief ein, um den heilsamen Duft des Wassers aufzunehmen … … Dann wäschst du deinen ganzen Körper am

Brunnen, um damit die heilsame Kraft des Traumlandes so richtig zur Entfaltung zu bringen … … Dann legst du dich in die Sonne und nimmst die Kraft des goldgelben Sonnenlichtes tief in dir auf … …

Selbstversöhnung. Du schließt die Augen und als du sie wieder öffnest, steht ein Kind neben dir, das so aussieht wie du als Kind ausgesehen hast … … Du spürst, dass dieses Kind ein Teil von dir ist, ein Teil, der aus der Vergangenheit kommt, doch auch in der Gegenwart in dir und bei dir ist … … Auch das Kind wäscht sich mit dem Heilwasser des Brunnens … … Dann drückt es dich ganz fest, umarmt dich liebevoll und läuft zu der Gruppe der glücklichen Kinder, die am Horizont auf es warten … … dort, wo deine Zukunft beginnt und das innere Kind groß sein wird … … In Liebe lässt du dieses innere Kind gehen, damit es wachsen und reifen kann, so wie du … … genau so wie du … …

Achtsamkeit und Selbsttreue. Dann spürst du tief in deinen Körper hinein und nimmst ihn bewusster wahr als jemals zuvor … … Du schenkst deinem Körper Achtsamkeit und Aufmerksamkeit … … der oder den Stellen, die von Krankheit betroffen sind, um die heilsame Kraft des Traumlandes zu entfalten … … und auch den gesunden Stellen des Körpers, um deinen gesamten Körper mit Respekt und Achtsamkeit zu behandeln … … Du machst dir noch einmal klar, dass das Land der Träume ganz tief in dir drin ist … … Dort war es schon immer … … Ich erzähle dir nur davon … …

[Erlaube dir noch einen Augenblick der Entspannung und spüre in die Tiefe deines Gefühls. Nimm alle Bilder und Gedanken einfach an und begegne ihnen mit Achtsamkeit und Sanftmut. Lass deine Atmung bewusst werden. Spüre den Wind deines Atems und komm mit dem nächsten Atemzug zurück in deinen Körper. Spüre und erlebe deinen Körper bewusst. Spüre auch die Unterlage, auf der du sitzt/liegst, und bereite dich darauf vor, in Verbundenheit zu dir selbst wach zu werden. Dein Körper hat das Bedürfnis sich zu bewegen und du wirst nun wieder wach. Du öffnest die Augen und bist wach!]

Psychosomatik, allgemein
Dritte Sitzung (Loslassen der Schuldgefühle)

[Wir werden mit dem Drang nach Zuneigung geboren und versuchen unser ganzes Leben lang Liebe und Anerkennung zu finden. Das ist uns von Natur aus gegeben, angeboren, denn nur deshalb sind wir soziale Wesen, die miteinander leben. Das führt aber auch dazu, dass wir uns oft anpassen müssen, nicht einfach das tun können, was uns einfällt oder was wir im Überschwang der Gefühle manchmal gerne tun würden. Das ist aber nicht schlimm, denn sich anzupassen bedeutet ja nicht automatisch, sich selbst zu untergraben oder zu vergessen. Wenn es uns immer gelingen würde, unsere Gefühle zu spüren, vielleicht Wut oder Trauer zu fühlen, auch dann, wenn wir sie nicht ausleben oder zeigen dürfen oder können oder wollen, sie aber dennoch deutlich spüren und innerlich zulassen, dann wäre alles in Ordnung. Dann gäbe es keine Konflikte in uns. Wir würden uns erlauben, alles zu sein, was wir sind. Doch manchmal kommt es anders. Manchmal sind die Anforderungen, wie wir sein sollten, so groß oder stark, so mit Angst und Macht an uns heran getragen, dass wir nicht anders können, als unsere wahren Gefühle abzulehnen und die von uns erwarteten zu übernehmen. Damit entwickeln wir dann sogar Schuldgefühle für unsere eigenen Gefühle, die wir mit der Zeit für böse oder falsch halten. Dann brennt sich das schlechte Gewissen ein und steuert unser Denken und Handeln mehr als wir es für möglich halten. Der einzige Fehler aber, wenn wir den Begriff überhaupt benutzen wollen, liegt darin, dass wir tief in uns fremde Gefühle für unsere eigenen halten. Doch das können wir beenden. Es ist Zeit, das schlechte Gewissen zu beenden. Hier und jetzt, im Land der Träume und dann in deinem wachen Alltag.]

Ankommen im Land der Träume. Das Land der Träume wartet auf dich … … Es befindet sich an einem geheimen Ort, an den nur du gehen kannst … … geheim aber ganz nah … … Konzentriere dich auf die Mitte deines Körpers, auf das Sonnengeflecht, und richte deine gesamte Achtsamkeit dorthin … … Tauche mit deiner gesamten Aufmerksamkeit durch das Sonnegeflecht in deinen Körper ein … … versinke mit jedem Atemzug tiefer und tiefer in dir selbst … … mit jedem Atemzug tiefer … … Du

tauchst damit ein in die Welt deiner eigenen Kreativität und Fantasie …
… in das Land deiner Träume … … Vielleicht weißt du ja, dass Traum
und Wirklichkeit nur einen Atemzug voneinander entfernt sind … …

Distanzierung vom Bewussten. Du läufst zu den gepflügten Feldern, deren
goldgelber Boden so fruchtbar ist wie nie zuvor … … Du willst noch
einmal dorthin gehen, um für dich zu lernen … … um dich selbst weiter
zu befreien und dann das Beste für dich und deinen Organismus zu
ermöglichen … … dein inneres Heilen zu ermöglichen und auch die
Besserung, Linderung oder Heilung der Krankheit zu beflügeln … …
soweit und so gut das bei deiner Erkrankung eben möglich ist … … Auf
dem Weg zu den Feldern spürst du, dass es dir ganz leicht fällt, so
schnell zu laufen im Land der Träume … … mit jedem Schritt wirst du
leichter und schneller … … leichter und schneller … …

Bewusstseinsreinigung. Du findest eine kleine weiße Kerze … … Du
nimmst sie in die Hand und beobachtest das wunderschöne weiße
Leuchten des Kerzenlichtes … … und mit jedem Atemzug, den du
machst, wird das Leuchten der Kerze weiter und größer … … Um die
Kerze herum bildet sich eine leuchtende Kugel aus weißem Licht, die
immer größer wird … … bis du schließlich ganz von dem Leuchten der
Kerze umgeben bist … … eine Kugel aus weißem Licht umgibt dich, so
klar und so glatt wie eine Glaskugel, doch die Wände bestehen aus purem Licht … … Deine Hände und deine Armen beginnen, weiß zu
leuchten, weißes Licht strahlt aus deinem Körper … … und angefüllt
von der reinen Kraft des weißen Lichtes gehst du mit einem großen
Schritt aus der Lichtkugel heraus … …

Konfrontation und Klärung. Du gehst weiter, um deine innere Befreiung
zu finden, die Befreiung vom schlechten Gewissen … … Du kommst zur
Kugel des einen Augenblicks und gehst ganz nah heran … … Von außen
schaust du durch die gläserne Wand und siehst darin einen Menschen,
dem du einst vergeben hast … … einen Menschen aus deinem Leben,
dem du etwas verziehen hast … … mit dem du nachsichtig warst … …
Vielleicht ist da eine Person, die du früher gut kanntest oder eine, die
früher, vor vielen Jahren schon eine große Rolle in deinem Leben ge-

spielt hat … … vielleicht lebt dieser Mensch heute noch, lebt in deiner Nähe oder mit dir zusammen … … vielleicht aber ist es auch eine Person, die du schon lange nicht mehr gesehen hast … … möglicherweise lebt dieser Mensch auch schon nicht mehr auf der Erde … … Hier im Land der Träume kannst du jeden Menschen treffen, dem du jemals begegnet bist … … Ganz von alleine entsteht das Bild vor deinem inneren Auge, und möglicherweise bist du sogar überrascht vom Anblick gerade dieser Person, weil du gar nicht dachtest, dass du ihm oder ihr etwas verziehen hast … … Wenn es ein guter Mensch war oder ist, der dir niemals ein Unrecht angetan hat, dann denkst du vielleicht, dass du gar nichts verzeihen konntest … … und wenn es ein Mensch sein sollte, unter dem du sehr gelitten hast oder leidest, dann bist du möglicherweise der Ansicht, dass du gar nichts vergeben kannst und das auch nie getan hast … … Dennoch ist es so, dass du bei dieser Person und bei vielen anderen auch nachsichtig warst … … deine eigenen Gefühle zurück gestellt hast, vielleicht nicht immer … … aber häufig schon … … vielleicht erinnerst du dich aber auch ganz genau, dass diese Person etwas getan oder gesagt oder dir vermittelt hat, das dir einst weh getan hat, doch du hattest es verziehen … … Du kannst also vergeben, doch du weißt auch, dass du keinem Menschen hier vergeben musst … … es geht um dich … … Die Kugel des einen Augenblicks zeigt dir diesen und vielleicht viele andere Menschen, denen du etwas vergeben hast oder mit denen du zumindest sehr nachsichtig und geduldig warst, weil du dabei lernen kannst, das auch mit dir selbst zu sein … … dir selbst all das zu vergeben, was du dir vorwirfst … … denn deine Schuldgefühle, deine Selbstvorwürfe, die mit dem Verdrängen deiner eigenen Gefühle entstanden sind, kannst du beenden, wenn du dir selbst vergeben kannst … … Doch vielleicht ist das auch zu schwer, vielleicht brauchst du etwas anderes, um dich vom schlechten Gewissen zu befreien … … Dann denkst du an die Botschaft des Traumlandes, das uns lehrt, dass Verzeihen und Vergeben immer nur dann möglich ist, wenn der richtige Zeitpunkt dafür gekommen ist und den kennst nur du … … genauer gesagt, den kannst nur du spüren … … kannst fühlen, sobald er gekommen ist … … vielleicht ist jetzt der richtige Augenblick, dir selbst zu vergeben … … und wenn er erst etwas später eintreten sollte, dann verzichte auf Wiedergutmachung … … Das ist schon mehr als genug … … Verzichte darauf, dass du irgendetwas wiedergutmachen solltest, denn das ist gar nicht möglich … … Was auch immer du dir vorwirfst, was auch immer du getan haben solltest oder gedacht oder gefühlt … … Es war, wie es war, du kannst es nicht mehr ändern … … Du kannst aber liebevoll darauf verzichten, das wiedergutmachen zu wollen … … Bei der Person oder bei den Personen in der Kugel des einen Augenblicks hast du das auch gekonnt … … Du hast darauf verzichtet … … Die Kugel des einen Augenblicks färbt sich hellblau, das ist der Augenblick, in dem du dein schlechtes Gewissen loslassen kannst … … Du versuchst es mit aller Kraft … … Hier im Land der Träume kannst du alles schaffen, denn in deiner Fantasie gibt es keine Grenzen … … Und alles, was im Land der Träume möglich ist, ist auch möglich in deinem wachen Alltag … … heute schon oder an jedem Tag deines Lebens ein kleines Stück … …

Schritt in die Gegenwart. Goldenes Licht strahlt dir plötzlich entgegen wie aus einem riesigen Scheinwerfer … … Du gehst darauf zu und bemerkst, dass es ein goldenes Tor ist, das offen steht und aus dem dieses Licht erstrahlt … … das Tor der inneren Freiheit, die Brücke zur Gegenwart … … Das offen stehende Tor zeigt dir, dass es jetzt darauf ankommt, einerseits Vergangenes weiter in dir wirken zu lassen, damit dein Organismus von den Erinnerungen und Gefühle der früheren Zeit lernen kann, andererseits nun mit deinen Gedanken und mit den heutigen Gefühlen in deine Gegenwart zu gehen … … in die Zeit, die du gestalten kannst … … Und mit einem großen Schritt gehst du durch das goldene Tor und kommst im Augenblick der Gegenwart an … …

Kreative Neuausrichtung. Du stehst auf einem riesigen Teppich aus hellblauen Blütenblättern, die dich zum Ausruhen einladen … … Soweit dein Auge reicht, siehst du nur noch hellblaue Blütenblätter, die so weich und sanft sind, wie eine weiche Wolldecke … … Du legst dich auf den hellblauen Teppich und schläfst ein, um tiefe Ruhe und Frieden zu finden … … Das Meer der Blüten und die Kraft des Traumlandes helfen dir dabei, dir selbst immer mehr zu vergeben, was auch immer du dir jemals vorgeworfen hast, um dein schlechtes Gewissen zu beenden, denn es hat längst ausgedient … …

Selbstversöhnung. Und als du die Augen wieder öffnest, steht das Kind neben dir, das du hier schon einmal getroffen hast … … dein inneres Kind, das sich mit dir und für euch beide freut, dass du dir selbst heute vergeben hast so gut du es konntest und kannst … … Du schenkst dem Kind so viele hellblaue Blütenblätter wie es tragen kann und dann läuft es zu den glücklichen Kindern und mit ihnen zum Horizont … … Am Horizont werdet ihr euch wiedersehen, dort wird das Kind erwachsen sein … … am Horizont, wo deine Zukunft beginnt und du weißt, dass deine Zukunft schon mit dem nächsten Wimpernschlag beginnt … …

Achtsamkeit und Selbsttreue. Dann spürst du tief in deinen Körper hinein und nimmst ihn bewusster wahr als jemals zuvor … … Du schenkst deinem Körper Achtsamkeit und Aufmerksamkeit … … der oder den Stellen, die von Krankheit betroffen sind, um die heilsame Kraft des Traumlandes zu entfalten … … und auch den gesunden Stellen des Körpers, um deinen gesamten Körper mit Respekt und Achtsamkeit zu behandeln … … Du machst dir noch einmal klar, dass das Land der Träume ganz tief in dir drin ist … … Dort war es schon immer … … Ich erzähle dir nur davon … …

[Erlaube dir noch einen Augenblick der Entspannung und spüre in die Tiefe deines Gefühls. Nimm alle Bilder und Gedanken einfach an und begegne ihnen mit Achtsamkeit und Sanftmut. Lass deine Atmung bewusst werden. Spüre den Wind deines Atems und komm mit dem nächsten Atemzug zurück in deinen Körper. Spüre und erlebe deinen Körper bewusst. Spüre auch die Unterlage, auf der du sitzt/liegst, und bereite dich darauf vor, in Verbundenheit zu dir selbst wach zu werden. Dein Körper hat das Bedürfnis sich zu bewegen und du wirst nun wieder wach. Du öffnest die Augen und bist wach!]

Psychosomatik, allgemein
Vierte Sitzung (Verzicht auf Wiedergutmachung)

[Krankheiten haben nicht immer Ursachen, jedenfalls nicht in dem Sinne, in dem wir uns das oft vorstellen, nämlich als fehlgeleitete innere Einstellung, die uns krank macht. Du hast verstanden, dass die Unterdrückung unserer Gefühle, unserer wahren und echten Gefühle uns durchaus Schwierigkeiten bereitet, weil wir in vielen Lebenssituationen nicht mehr richtig erkennen, was wir genau fühlen, wobei unsere Gefühle uns immer führen könnten, wenn wir sie denn greifen könnten. Du weißt auch, dass unser Körper und auch unsere Psyche anfälliger für Krankheiten werden und einen größeren Nährboden bieten, wenn wir mit unseren Gefühlen nicht gut zurecht kommen. Du weißt aber auch, dass du dir das nicht so ausgesucht hast. Du hast nicht beschlossen, deine Gefühle zu unterdrücken, sondern du hattest keine andere Wahl, keine Chance. Du bist aber nicht mit Krankheit bestraft worden, das weißt du heute, sondern dein Organismus, und dazu gehören dein Körper und deine Psyche, hatte nicht genug Kraft, dagegen anzutreten und das Krankwerden aufzuhalten. Viele Krankheiten sind heilbar, andere gelten als nicht mehr heilbar, doch Besserung und leichteren Umgang können wir immer finden. Das geht am besten, sobald es gelingt, inneren Frieden zu machen, Frieden mit dir und deinem Körper. Das tust du im Land der Träume immer, bei jedem Gang durch dieses Land ein kleines oder großes Stück, so wie es geht. Und heute machst du so richtig Frieden mit dir und deinem Körper. Im Land der Träume schaffst du das. Und dann auch in deinem wachen Alltag. Vielleicht heute schon oder jeden Tag ein weiteres Stück.]

Ankommen im Land der Träume. Das Land der Träume wartet auf dich … … Es befindet sich an einem geheimen Ort, an den nur du gehen kannst … … geheim aber ganz nah … … Konzentriere dich auf die Mitte deines Körpers, auf das Sonnengeflecht, und richte deine gesamte Achtsamkeit dorthin … … Tauche mit deiner gesamten Aufmerksamkeit durch das Sonnegeflecht in deinen Körper ein … … versinke mit jedem Atemzug tiefer und tiefer in dir selbst … … mit jedem Atemzug tiefer … … Du tauchst damit ein in die Welt deiner eigenen Kreativität und Fantasie …

... in das Land deiner Träume ... ... Vielleicht weißt du ja, dass Traum und Wirklichkeit nur einen Atemzug voneinander entfernt sind ... ...

Distanzierung vom Bewussten. Das Land der Träume ist in dir ... ... in deinen Gedanken ... ... in deinem Gefühl ... ... aber auch in deinem Körper ... ... Atme nun ganz bewusst und verbinde dich mit jedem Atemzug tiefer mit deinem Körper ... ... Das geht ganz einfach, praktisch von selbst ... ... Achte einfach auf die Bewegung deines Körper mit deiner Atmung ... ... Spüre das Auf und Ab der Atmung ... ... das Auf und Ab deines Körpers ... ... Dabei wird dein Körpergefühl immer intensiver und klarer ... ... mit jedem einzelnen Atemzug ... ...

Bewusstseinsreinigung. Du findest eine kleine weiße Kerze ... ... Du nimmst sie in die Hand und beobachtest das wunderschöne weiße Leuchten des Kerzenlichtes ... ... und mit jedem Atemzug, den du machst, wird das Leuchten der Kerze weiter und größer ... ... Um die Kerze herum bildet sich eine leuchtende Kugel aus weißem Licht, die immer größer wird ... ... bis du schließlich ganz von dem Leuchten der Kerze umgeben bist ... ... eine Kugel aus weißem Licht umgibt dich, so klar und so glatt wie eine Glaskugel, doch die Wände bestehen aus purem Licht ... ... Deine Hände und deine Armen beginnen, weiß zu leuchten, weißes Licht strahlt aus deinem Körper ... ... und angefüllt von der reinen Kraft des weißen Lichtes gehst du mit einem großen Schritt aus der Lichtkugel heraus ... ...

Konfrontation und Klärung. Du findest einen schönen Platz im Land der Träume, unter dem hellblauen Himmel, an dem du dich so richtig entspannen kannst ... ... vielleicht ein Sessel, der für dich in der Sonne steht ... ... oder eine Hängematte zwischen zwei alten Bäumen mit einer weichen Wolldecke ... ... oder eine bequemen Liege ... ... und wenn du willst, legst du dich einfach auf den Boden, ins weiche Gras oder in den weichen Sand ... ... Du findest deinen Platz der Ruhe ... ... Dann machst du es dir bequem und denkst an eine Zeit zurück, als dein Körper noch gesund war ... ... Du tauchst noch einmal in diese Erinnerung und stellst dir vor, es wäre in diesem Augenblick ganz genau so ... ... Dann wendest du dich mit all deiner Achtsamkeit deinem Körper zu und sprichst mit ihm ... ... Du bedankst dich für die gemeinsame Zeit in Gesundheit und Kraft ... ... Du beginnst bei deinem Kopf und bedankst dich bei ihm für seine Denkleistung ... ... dafür, dass er immer überlegt hat, welcher Weg der richtige sein kann, dafür dass er geplant und die anderen Körperteile dirigiert und oftmals auch beschützt hat ... ... und dein Kopf bedankt sich bei dir, dass er für dich und für deine Seele, die in ihm und in deinem Körper wohnt, diese Aufgabe übernehmen durfte und darf ... ... Dann wendest du dich deinen Schultern zu, die nicht nur Lasten getragen haben und tragen, wenn du etwas hochhebst oder trägst, sondern auch der symbolische Ort der Belastungen deines Lebens sind ... ... Last der Verantwortung auf den Schultern und auch in der Zeit, als du die Last deiner gefühlten Schuld und des gefühlten schlechten Gewissens noch auf deinen Schultern getragen hast, haben deine Schultern versucht, das zu halten ... ... und auch den möglichen Rest eines schlechten Gewissens, den es heute vielleicht noch gibt, tragen sie weiter ... ... Deine Schultern bedanken sich aber auch bei dir dafür, dass sie diese Aufgabe für dich und für deine Seele, die in ihnen und in deinem Körper wohnt, übernehmen durften und immer noch dürfen ... ... Du bedankst dich bei deinen Armen und Händen, die als Einheit immer wieder zugepackt haben, Dinge festgehalten und auch wieder losgelassen haben ... ... in gemeinsamer Arbeit mit den Schultern, denn nur gemeinsam konnten und können sie es schaffen ... ... Deine Arme und Hände bedanken sich aber auch bei dir dafür, dass du ihnen erlaubt hast, zuzupacken und zu halten, wenn das notwendig war und loszulassen, um wieder frei zu werden, wenn das Halten keinen Sinn mehr gemacht hat ... ... Sie bedanken sich bei dir und deiner Seele, die in ihnen und in deinem Körper wohnt, dass sie diese so wichtigen Aufgaben für dich übernehmen durften und dürfen ... ... Dann bedankst du dich bei deinem Rücken, dafür dass er deinen Körper immer wieder aufrichtet, Tag für Tag bei vielen Bewegungen deines Körpers ... ... jede Beugung, jedes Bücken und Ducken hat dein Rücken immer wieder begradigt, weil es seine Aufgabe war und ist ... ... und immer dann, wenn du Rückgrat beweisen musstest oder nach einer Niederlage wieder innerlich aufstehen musstest, hat dein Rücken diese symbolische Aufgabe übernommen ... ... Dein Rücken bedankt sich aber auch bei dir dafür, dass er diese Aufgabe des Aufrichtens immer wieder für dich und für deine Seele, die in ihm und in deinem Körper wohnt, übernehmen durfte und darf … … Er wird dich auch weiterhin aufrichten, immer wieder … … Als nächstes bedankst du dich bei deinen inneren Organen, die wie ein Uhrwerk oder wie eine Präzisionsmaschine so lange ihren Dienst verrichtet haben, deinen Körper mit den lebenswichtigen Stoffen zu versorgen und auch die Entsorgung verbrauchter Energien übernommen zu haben … … wie selbstverständlich haben die Organe das erledigt und immer versucht, ihr Bestes zu geben, so wie auch du versucht hast, das Beste zu tun … … Keinem gelingt das immer … … Doch es gelingt immer wieder, die Balance zu finden und für die Zeit, in der das so gut gelungen war, bedankst du dich heute … … Doch deine Organe bedanken sich auch bei dir dafür, dass sie diese Aufgabe für dich und für deine Seele, die in ihnen und in deinem Körper wohnt, übernehmen durften und immer noch dürfen … … Du bedankst dich bei deinen Beinen und deinen Füßen, die deinen Körper gemeinsam wie Säulen getragen haben, damit er stabil stehen kann, Wind und Erschütterungen aushalten konnte … … auch dafür, dass sie dich so lange getragen und bewegt haben, dir das Aufstehen und Gehen ermöglicht haben … … auch die symbolische Aufgabe des Stillstehens, des Nachvornegehens und des Fliehens haben sie übernommen … … Doch deine Beine und Füße bedanken sich auch bei dir dafür, dass sie für dich und deine Seele, die in ihnen und in deinem Körper wohnt, diese Aufgabe übernehmen durften und dürfen … … zum Schluss bedankst du dich bei allen Gelenken und Knochen, bei den Sehnen und Muskeln und allen Teilen deines Körpers, die das Gesamte zusammenhalten und mittragen … …

Schritt in die Gegenwart. Goldenes Licht strahlt dir plötzlich entgegen wie aus einem riesigen Scheinwerfer … … Du gehst darauf zu und bemerkst, dass es ein goldenes Tor ist, das offen steht und aus dem dieses Licht erstrahlt … … das Tor der inneren Freiheit, die Brücke zur Gegenwart … … Das offen stehende Tor zeigt dir, dass es jetzt darauf ankommt, einerseits Vergangenes weiter in dir wirken zu lassen, damit dein Organismus von den Erinnerungen und Gefühle der früheren Zeit lernen kann, andererseits nun mit deinen Gedanken und mit den heutigen Gefühlen in deine Gegenwart zu gehen … … in die Zeit, die du gestalten kannst …

… Und mit einem großen Schritt gehst du durch das goldene Tor und kommst im Augenblick der Gegenwart an … …

Kreative Neuausrichtung. Du gehst weiter und spürst jede Faser deines Körpers … … ganz bewusst nimmst du jede Bewegung und jede Empfindung deines Körpers wahr … … Spüre in deinen Körper hinein und werde dir seiner ganz und gar bewusst … … Lass dein Körpergefühl jetzt ganz in den Fokus deiner Wahrnehmung treten und fühle die innere Veränderung … …

Selbstversöhnung. Du schenkst deinem Körper alle Achtsamkeit und Hingabe, die du jetzt entwickeln kannst … … auch den kranken Stellen … … so gut es eben geht … … im Land der Träume ist alles möglich … … und alles, was hier möglich ist, ist auch in deinem wachen Alltag möglich … … heute schon oder an jedem Tag deines Lebens ein kleines Stück … …

Achtsamkeit und Selbsttreue. Dann spürst du tief in deinen Körper hinein und nimmst ihn bewusster wahr als jemals zuvor … … Du schenkst deinem Körper Achtsamkeit und Aufmerksamkeit … … der oder den Stellen, die von Krankheit betroffen sind, um die heilsame Kraft des Traumlandes zu entfalten … … und auch den gesunden Stellen des Körpers, um deinen gesamten Körper mit Respekt und Achtsamkeit zu behandeln … … Du machst dir noch einmal klar, dass das Land der Träume ganz tief in dir drin ist … … Dort war es schon immer … … Ich erzähle dir nur davon … …

[Erlaube dir noch einen Augenblick der Entspannung und spüre in die Tiefe deines Gefühls. Nimm alle Bilder und Gedanken einfach an und begegne ihnen mit Achtsamkeit und Sanftmut. Lass deine Atmung bewusst werden. Spüre den Wind deines Atems und komm mit dem nächsten Atemzug zurück in deinen Körper. Spüre und erlebe deinen Körper bewusst. Spüre auch die Unterlage, auf der du sitzt/liegst, und bereite dich darauf vor, in Verbundenheit zu dir selbst wach zu werden. Dein Körper hat das Bedürfnis sich zu bewegen und du wirst nun wieder wach. Du öffnest die Augen und bist wach!]

Psychosomatik, allgemein
Fünfte Sitzung (Abschlussritual)

[Du gehst mit deiner Krankheit um, damit du Heilung finden kannst. Heilung kann Genesung der Krankheit sein, für Krankheiten, die heilbar sind, doch Heilung im Land der Träume ist anders. Es ist der Weg zu dir selbst, der Weg zu deinen Gefühlen und deiner inneren Wahrheit, wie auch immer die dann aussehen mag. Du hast nur eine Wahrheit in dir und die zuzulassen, ist die Heilung deiner Seele. Wenn daraus Heilung des Körpers und Heilung einer Krankheit entstehen darf, ist das ein Geschenk, das ein Segen ist. Doch wenn das nicht möglich ist oder nicht so schnell, so ist dennoch Heilsames geschehen, das dich stärker und weiser macht und dir damit einen leichteren Umgang mit Erschwernissen der Krankheit oder des Krankseins ermöglicht. Um deinen heilsamen Weg zu gehen, hast du dich mit dir und deiner Geschichte auseinander gesetzt, mit der Geschichte deiner unklaren Gefühle, die klarer geworden sind, tief in dir und auch in deinen bewussten Gedanken, die ja aus deinen Gefühlen resultieren. Natürlich braucht alles Zeit. Manches geschieht in nur einer Sekunde, in einem einzigen Moment der Erkenntnis und des Verstehens. Doch die alten grauen Muster des Fühlens und Denkens sind ebenso wie alle anderen Gefühle als Erinnerungen in dir gespeichert. Alles, was du erlebst und fühlst, wird in deinem Gefühlszentrum abgelegt, auch die grauen Zeiten der unklaren und unechten Gefühle, die nicht deine waren. So kann es vorkommen, dass auch eine solche Erinnerung sich noch einmal meldet oder dein tiefes Inneres, dein Unterbewusstsein, auf dieses graue Fühlen zugreift, weil es dem heilsamen Weg vielleicht noch nicht ganz traut. Also soll und muss und vor allem darf dein heilsamer Weg weiter gehen. Heute und an jedem kommenden Tag in deinem Leben. Du sprichst also heute noch einmal mit deinem Körper.]

Ankommen im Land der Träume. Das Land der Träume wartet auf dich … … Es befindet sich an einem geheimen Ort, an den nur du gehen kannst … … geheim aber ganz nah … … Konzentriere dich auf die Mitte deines Körpers, auf das Sonnengeflecht, und richte deine gesamte Achtsamkeit dorthin … … Tauche mit deiner gesamten Aufmerksamkeit durch das

Sonnegeflecht in deinen Körper ein ... ... versinke mit jedem Atemzug tiefer und tiefer in dir selbst ... ... mit jedem Atemzug tiefer ... ... Du tauchst damit ein in die Welt deiner eigenen Kreativität und Fantasie ... ... in das Land deiner Träume ... ... Vielleicht weißt du ja, dass Traum und Wirklichkeit nur einen Atemzug voneinander entfernt sind ... ...

Distanzierung vom Bewussten. Das Land der Träume ist in dir ... ... in deinen Gedanken ... ... in deinem Gefühl ... ... aber auch in deinem Körper ... ... Atme nun ganz bewusst und verbinde dich mit jedem Atemzug tiefer mit deinem Körper ... ... Das geht ganz einfach, praktisch von selbst ... ... Achte einfach auf die Bewegung deines Körper mit deiner Atmung ... ... Spüre das Auf und Ab der Atmung ... ... das Auf und Ab deines Körpers ... ... Dabei wird dein Körpergefühl immer intensiver und klarer ... ... mit jedem einzelnen Atemzug ... ...

Bewusstseinsreinigung. Du findest eine kleine weiße Kerze ... ... Du nimmst sie in die Hand und beobachtest das wunderschöne weiße Leuchten des Kerzenlichtes ... ... und mit jedem Atemzug, den du machst, wird das Leuchten der Kerze weiter und größer ... ... Um die Kerze herum bildet sich eine leuchtende Kugel aus weißem Licht, die immer größer wird ... ... bis du schließlich ganz von dem Leuchten der Kerze umgeben bist ... ... eine Kugel aus weißem Licht umgibt dich, so klar und so glatt wie eine Glaskugel, doch die Wände bestehen aus purem Licht ... ... Deine Hände und deine Armen beginnen, weiß zu leuchten, weißes Licht strahlt aus deinem Körper ... ... und angefüllt von der reinen Kraft des weißen Lichtes gehst du mit einem großen Schritt aus der Lichtkugel heraus ... ...

Konfrontation und Klärung. Du findest einen schönen Platz im Land der Träume, unter dem hellblauen Himmel, an dem du dich so richtig entspannen kannst ... ... vielleicht ein Sessel, der für dich in der Sonne steht ... ... oder eine Hängematte zwischen zwei alten Bäumen mit einer weichen Wolldecke ... ... oder eine bequemen Liege ... ... und wenn du willst, legst du dich einfach auf den Boden, ins weiche Gras oder in den weichen Sand ... ... Du findest deinen Platz der Ruhe ... ... Dann konzentrierst du dich auf deinen Körper und besonders auf die Stelle, die von der Krankheit betroffen war oder immer noch ist … … Du fühlst dich ein, versuchst mit all deiner Achtsamkeit und Aufmerksamkeit, zu spüren, wie sich diese Stelle anfühlt … … Dann erzählst du deinem Körper die Geschichte des Traumlandes, die deine und auch seine Geschichte ist … … und alle Körperteile hören dir zu und nehmen deine Worte auf … … Du erzählst deinem Körper, dass es einst eine Zeit gab, in der du deine eigenen Gefühle nicht immer zulassen konntest oder durftest … … Du erzählst davon, wie das war, als du den Eindruck hattest oder gar die Gewissheit, dass deine Gefühle niemand sehen oder ertragen wollte … … wie du dann deine Gefühle immer öfter verheimlicht hast und nur mit dir selbst ausgemacht hast … … Du erzählst von der Zeit, als Fantasie für dich oftmals wichtiger und überlebenswichtiger war als die Realität um dich herum … … und wie du aus den Erwartungen und Anforderungen irgendwann eine Realität deiner Wahrnehmung, deiner Gefühlswahrnehmung gemacht hast, die du damals dann gar nicht mehr als Scheinrealität erlebt hast … … lange Zeit vielleicht nicht so erlebt hast … … Du hast geglaubt, diese seltsamen Empfindungen wären deine eigenen oder müssten es halt sein … … so als könntest du Gefühle wie Merksätze auswendig lernen … … Dann gab es eine Zeit, in der du eigene Gefühle zurückgehalten hast, weil du jemanden oder auch mehrere Menschen schonen wolltest … … weil du dachtest, deine Gefühle müssten oder sollten zurückstehen zugunsten anderer, damit die ihre Gefühle ausleben dürfen … … Du erzählst es deinem Körper und alle Körperteile lauschen dieser Geschichte und erkennen darin die eigene Geschichte … … erkennen, dass sie selbst Empfindungen wahrgenommen haben und als Bauchgefühl gespürt haben … … als Kribbeln in den Armen oder Beinen … … als Verspannung in den Schultern oder im Rücken … … als Gedankenimpulse in deinem Kopf … … und deinem Körper wird klar, dass er gar nicht deine echten Gefühle wahrgenommen hatte, sondern graue Gefühlsmischungen … … und diese grauen Gefühle hat dir dein Körper dann als Signale gesandt … … damit dein Verstand sie erfassen sollte … … Doch was hätte er verstehen können, wenn doch diese grauen Gefühle gar nicht deine waren … … Das war gar nicht möglich … … Dein Körper erkennt, dass er keine andere Chance hatte und auch deine Gedanken nicht … … Du erzählst deinem Körper weiter davon, dass es nun wieder farbige Gefühle in dir gibt, so bunt wie der Regenbogen …

… Du erzählst ihm, dass tief in dir im Land der Träume die vergangenen Gefühle wieder befreit wurden in den Kugeln des einen Augenblicks und damit auch tief in deinem Organismus … … dass die Gefühle immer noch da sind als Erinnerung und immer dort bleiben werden, damit du heute und immer davon lernen kannst … … damit auch dein Körper, jeder einzelne Teil davon, die Impulse deiner wahren Gefühle lesen und verstehen kann, um dir die echten und wirklichen Impulse als Körpergefühle zu senden … … Körpergefühle, die dann zu Gedanken werden, die dir helfen zu wachsen und zu reifen … … dich selbst zu schützen gegen Angriffe und Anforderungen an deine Gefühle abzuwehren, die von außen kommen und dich erneut auffordern werden, andere Gefühle als deine eigenen zu haben, zu spüren oder zu übernehmen … … Das aber wirst du nicht zulassen, denn du weißt jetzt und hast es erlebt, dass es nur richtig sein kann, deine eigenen Gefühle zu haben, denn andere gibt es nicht wirklich … … und wie auch immer deine Gefühle sein werden, in der einen oder anderen Situation oder bei der einen oder anderen Person … … Gefühle sind immer so erlaubt wie sie sind, denn andere gibt es nicht … … es gibt sie nicht wirklich … … Wir alle dürfen nicht einfach tun, was wir wollen, doch das ist überhaupt nicht schlimm … … wir müssen nichts tun, um unsere Gefühle unverstellt zu spüren, wir müssen sie nur in unserem Innern zulassen … … Also dürfen wir immer alles sein, was wir sind … … Sei also, was du bist … …

Schritt in die Gegenwart. Goldenes Licht strahlt dir plötzlich entgegen wie aus einem riesigen Scheinwerfer … … Du gehst darauf zu und bemerkst, dass es ein goldenes Tor ist, das offen steht und aus dem dieses Licht erstrahlt … … das Tor der inneren Freiheit, die Brücke zur Gegenwart … … Das offen stehende Tor zeigt dir, dass es jetzt darauf ankommt, einerseits Vergangenes weiter in dir wirken zu lassen, damit dein Organismus von den Erinnerungen und Gefühle der früheren Zeit lernen kann, andererseits nun mit deinen Gedanken und mit den heutigen Gefühlen in deine Gegenwart zu gehen … … in die Zeit, die du gestalten kannst … … Und mit einem großen Schritt gehst du durch das goldene Tor und kommst im Augenblick der Gegenwart an … …

Kreative Neuausrichtung. Dann vereinbart dein Körper mit dir einen Pakt der gegenseitigen Fürsorge, eine Fürsorge, die du sicher auch vorher betrieben hattest, doch unter anderen Voraussetzungen … … in dem Grau der früheren Gefühle konnte euer Pakt und eure gegenseitige Fürsorge nicht gelingen … … Das war nicht deine Schuld, auch nicht die deines Körpers … … Es war einfach nicht anders möglich … … Doch jetzt ist anderes möglich … … jetzt gelingt euer Pakt der Fürsorge und Heilung … … heute schon und an jedem weiteren Tag … …

Selbstversöhnung. Dann spürst du die Nähe des inneren Kindes, das in der Vergangenheit so einsam war und inzwischen auch gelernt hat und älter geworden ist … … Es hat alles verstanden, was es verstehen musste … … Die Kinderzeit ist vorbei … … Du spürst, dass das Kind bereits am Horizont als erwachsener Mensch auf dich wartet … … dort, wo deine Zukunft beginnt … … mit dem nächsten Wimpernschlag schon … …

Achtsamkeit und Selbsttreue. Dann spürst du tief in deinen Körper hinein und nimmst ihn bewusster wahr als jemals zuvor … … Du schenkst deinem Körper Achtsamkeit und Aufmerksamkeit … … der oder den Stellen, die von Krankheit betroffen sind, um die heilsame Kraft des Traumlandes zu entfalten … … und auch den gesunden Stellen des Körpers, um deinen gesamten Körper mit Respekt und Achtsamkeit zu behandeln … … Du machst dir noch einmal klar, dass das Land der Träume ganz tief in dir drin ist … … Dort war es schon immer … … Ich erzähle dir nur davon … …

[Erlaube dir noch einen Augenblick der Entspannung und spüre in die Tiefe deines Gefühls. Nimm alle Bilder und Gedanken einfach an und begegne ihnen mit Achtsamkeit und Sanftmut. Lass deine Atmung bewusst werden. Spüre den Wind deines Atems und komm mit dem nächsten Atemzug zurück in deinen Körper. Spüre und erlebe deinen Körper bewusst. Spüre auch die Unterlage, auf der du sitzt/liegst, und bereite dich darauf vor, in Verbundenheit zu dir selbst wach zu werden. Dein Körper hat das Bedürfnis sich zu bewegen und du wirst nun wieder wach. Du öffnest die Augen und bist wach!]

Panikanfälle, Angstattacken
Erste Sitzung (Grundversion)

[Du hast Angst. Aber nicht irgendeine Angst, sondern Panikattacken, die sich dir so darstellen, dass plötzlich und unvermittelt die Angst hereinbricht und dann innerhalb sehr kurzer Zeit ganz von dir Besitz ergreift. Irgendwann war das erste Mal, vielleicht erinnerst du dich jetzt daran. Du konntest die Welt nicht mehr verstehen, hast überhaupt nicht damit gerechnet, dass dir so etwas passieren könnte, dass du plötzlich nicht mehr die Kontrolle über dich selbst hast, nicht mehr die Kontrolle über dein Leben. Du warst ausgeliefert und hast das dann sehr oft so erlebt. Immer wieder, unberechenbar und unvorhersehbar kam die Angst. Immer wieder warst du schutzlos und deiner Umgebung und deiner Angst ausgeliefert. Dann hast du dich gefragt, wo all das herkommen kann. Vielleicht hast du nach Angst in deiner Kindheit gesucht oder nach schlimmen Ereignissen, die einst geschehen sind. Möglicherweise hast du auch so etwas gefunden, wovon du sagen kannst, daraus könnte eine so große und schreckliche Angst entstanden sein. Dann hat dich dein Weg hierher geführt. Dein Weg hat dich zur Traumlandtherapie gebracht. Das Land der Träume als inneres Land, das du in deinen Gedanken, in deiner Fantasie, vor allem aber in deinen Gefühlen finden kannst, erzählt dir eine Geschichte der Angst, die die Geschichte des Traumlandes ist. Sie ist aber auch deine Geschichte. Vielleicht überrascht es dich dann zu hören, dass eine frühere Angst, so schrecklich sie auch gewesen sein mag, nicht so einfach zu späteren Panikattacken führt. Doch es ist so geschehen, bei dir wie bei vielen anderen Menschen, die ähnliche Schwierigkeiten haben. Doch der Weg war ein anderer als du bisher geglaubt hast. Im Land der Träume lernst du ihn kennen, denn er wird in seiner Neubetrachtung und Umkehrung zu dem Weg der Erlösung und Befreiung für dich.]

Ankommen im Land der Träume. Heute kannst du eine besondere Reise antreten … … eine Reise in ein Land, das häufig so weit entfernt scheint, doch heute ganz nahe liegt … … das Land der Träume … … Spüre, wie dein Atem mit jedem Zug aus dir heraus strömt … … Stell dir dabei vor, du könntest mit deinem Atem aus deinem Körper heraus schlüpfen und auf eine fantastische Reise gehen … … eine Reise zu dir selbst … … Wie ein Vogel dem Wind folgt, so folgst du dem Zug deines Atems und schlüpfst aus deinem Körper heraus … … Getragen vom Wind deines Atems … … verlässt du jetzt deine Gedanken und deinen Körper und gehst in das Land der Träume … … Im Land deiner Träume ist alles möglich, was du dir vorstellen kannst und noch viel mehr … … denn aus jeder Idee kann Wahrheit werden, wenn der richtige Augenblick dafür gekommen ist … … und wer weiß … … vielleicht ist dieser besondere Augenblick gerade jetzt … …

Der heilsame Weg. Das Land der Träume liegt tief in deiner Fantasie, doch Fantasie und Wirklichkeit liegen nur einen Wimpernschlag voneinander entfernt … … Du kannst das Land der Träume als Naturbilder erleben … … als Körperempfindung … … als Farbespiel … … und als Gedanken und Klänge … … Du hörst das Geräusch von sprudelndem Wasser und die Sphärenklänge im Hintergrund … … und damit tauchst du ein in die Vorstellung, einerseits in der Natur oder einem ganz natürlichen Zustand zu sein und andererseits in einem schwebenden Zustand wie ein Astronaut in der Sphäre der Erde … … schwerelos und weit entfernt von allem Irdischen … … Mit der Natur verbunden bist du von Anfang an, denn du bist Teil der Natur und Teil der Schöpfung … … und mit deiner Geburt wurden dir die menschlichen Grundeigenschaften und Bestrebungen mitgegeben … … Das Geräusch des Wassers und das Singen der Vögel erinnern dich an den Sonnenaufgang und damit an die Selbstverständlichkeit der Natur … … Doch in unserem menschlichen Dasein verläuft nicht alles so selbstverständlich … … denn die Schöpfung hat uns eine Besonderheit mit gegeben, die uns von den Tieren unterscheidet … … diese Besonderheit besteht darin, über Vergangenes nachdenken zu können und die Frage zu stellen – Was wäre wenn? – Tiere können sich auch erinnern, können ebenfalls aus Vergangenem lernen, doch sie denken niemals darüber nach, welchen Einfluss die Vergangenheit auf das Heute hat … … Sie fragen niemals, wie ihr Leben in der Gegenwart sein könnte oder wie es wäre, wenn in der Vergangenheit das eine oder andere einfach nicht passiert wäre oder eben alles anders gelaufen wäre … … Wir aber tun das, wir denken darüber nach und hadern dabei oftmals mit dem, was uns widerfahren ist … … können es nicht loslassen ... ... Der freie Wille ist nicht nur die Fähigkeit, eine Entscheidung darüber zu treffen, was wir wollen, was wir sagen oder tun werden ... ... Der freie Wille ist auch die uns offen stehende Möglichkeit, unsere Vergangenheit anzunehmen, so wie sie war, denn ändern können wir sie nicht mehr, auch Besprechen und Bearbeiten des Vergangenen kann sie nicht mehr beeinflussen ... ... Annehmen unserer eigenen Geschichte bedeutet dann auch, aus ihr zu lernen und dann in unserer Gegenwart zu leben, so wie die Tiere es tun ... ... mit Erinnerungen, die schmerzhaft sein können, doch helfen können, die Gegenwart zu gestalten ... ... Wir können aus freiem Willen heraus darauf verzichten, mit der Vergangenheit darum zu ringen, dass sie doch anders gewesen sein möge ... ... Wir wissen, dass das nicht geht, doch jeder Wunsch nach Vergeltung, nach Rache oder nach Ausgleich für das einst erlittene Unrecht oder Leid ist doch in Wahrheit die Sehnsucht nach Wiedergutmachung dessen, was niemals gutgemacht werden kann, weil es bereits geschehen ist ... ... Das bedeutet jedoch nicht, wie manchmal behauptet wird, auch von Therapeuten, dass es keine Schuldigen oder Verantwortlichen gäbe oder alles verziehen werden sollte ... ... Diese Botschaft kennt das Land der Träume nicht, denn die Aufforderung, erlittenes Unrecht zu vergeben, wäre gleichbedeutend damit, dass du selbst die Verantwortung oder Schuld tragen solltest, denn wir Menschen können nicht anders als in Verantwortung und Zuständigkeiten zu denken ... ... Deine Vergebung für andere, was auch immer dir angetan wurde, ist eine Sache deiner persönlichen Entscheidung ... ... Du darfst vergeben, musst es aber nicht ... ... Vergebung hat nichts mit deiner Panik und Angst zu tun, auch nichts damit, wie sie sich auflösen kann ... ... Der heilsame Weg ist ein anderer ... ... Du wurdest als Mensch geboren und damit mit der Sehnsucht, geliebt zu werden, das gehört zum Menschsein dazu ... ... Doch Liebe war nicht bedingungslos in deiner Kindheit, vielleicht ist sie es auch niemals oder kann es nicht sein ... ... Das Drama deines Lebens bestand und besteht jedoch darin, dass deine Gefühle nicht immer sein durften ... ... Das, was du gefühlt hast, konnte oder wollte oft niemand hören oder nur wenige ... ... So kam es, dass du, um doch noch Zuwendung zu bekommen, deine Gefühle schon früher als Kind oft unterdrückt hast ... ... so oft und so lange bis du sie selbst nicht mehr wirklich spüren konntest, bis es immer häufiger ein unklares Gefühl in dir gab, dass etwas nicht stimmt … … Und wenn wir zu oft gezwungen sind, unsere Gefühle zu verleugnen oder sie niemandem mitteilen können, dann passiert es, dass wir von unseren Gefühlen auch nicht mehr lernen können, denn wir wissen nicht, was eigentlich noch unsere Empfindung war oder ist und welche zu anderen gehört … … Gefühle lehren uns, wie wir das Leben in Zukunft gestalten können … … Unklare Gefühle lehren uns Unklarheiten und führen dazu, das sich zu vieles in uns staut, das wir nicht mehr richtig verarbeiten können … … denn das Leben geht weiter, fließt wie das sprudelnde Wasser, dass du in den Klängen im Hintergrund hörst … … Doch alle Gefühle sind noch in dir, sogar so wie sie tatsächlich waren … … unverstellt und echt … … Sie sind als Erinnerung in deinem Körper gespeichert … … Es liegen nur andere darüber, die dir aufgezwungen wurden oder die du selbst gewählt hast, weil du oft geglaubt hast, du müsstest deine Gefühle zurückhalten oder abstreiten, um andere zu schonen … … Vielleicht gehörst du zu den Menschen, die das schon als Kinder gemacht haben … … Du schwebst durch die Sphäre deiner Fantasie und wirst von der Farbe Grau umgeben, die dir zeigt, dass das Durcheinander und Übereinander der vielen unklaren Gefühle, die nicht deine waren, deine Angst als innerlich platzende Angst produziert haben … … Dann tauchst du ein in die Farbe Weiß, die als Gegenspieler des Grau in dir ist und die Aufgabe übernehmen kann, das Grau aufzulösen und für Klarheit zu sorgen … … Im Land der Träume ist Weiß die Farbe der Reinigung und Klarheit und damit der Hoffnung auf eine neue innere Ordnung deiner Gefühle, die deine Angst dann vergehen lässt … … Dann tauchst du ein in das Hellblau, das für dich in Zukunft die Farbe des liebevollen Annehmens deiner Geschichte und des Verzichtes auf Veränderung des Geschehenen sein soll, was vorüber ist, kannst und darfst und sollst du betrauern … … mit allen Tränen und mit dem Wehklagen, das dafür notwendig sein mag, doch eine Wiedergutmachung kann es dafür nicht geben, außer der Wiedergutmachung deiner inneren Gefühlsordnung und dafür gibt es das Land der Träume … … Dann wirst du umgeben von der Farbe Ocker oder Goldgelb, die als Farbe des Erkennens, Verstehens und Lernens im Land der Träume vorkommt … … und du wirst alles erkennen, verstehen und lernen, das dir bei deiner Befreiung von der Angst helfen wird … … Dann kommt die Farbe Silber als Farbe der Wahrheit … … Sie sagt dir, dass Befreiung von der Angst möglich ist … … und die wertvollste Farbe ist dann das Gold, das die Lebenskraft in dir symbolisiert und aktiviert … … Die Kraft der Schöpfung, die in dir liegt, denn die Schöpfung wurde vom Schöpfer begonnen und wird von den Lebewesen der Erde vollzogen und zu Ende gebracht … … also auch von dir und in dir … … Gold erinnert dich daran, dass auch du von der Schöpfung und der Natur getragen bist … … im Land der Träume und in deinem wachen Alltag … … Dann tauchst du ein in die Farbe Rot, die Farbe der Liebe und Selbstliebe, die dir erlaubt, dich selbst gut zu finden und anzunehmen, mehr noch, dich selbst zu lieben … … vielleicht Heute schon oder Morgen oder an jedem Tag deines Lebens ein kleines Stück … …

Emotionale Verankerung und Motivation. Das Land der Träume wartet auf dich … … denn im Land der Träume fühlst du, was du wirklich fühlst … … denkst du, was du wirklich denkst … … erkennst du, wer du wirklich bist … … Du stellst dich darauf ein, das Land der Träume als innere Bilder zu erkunden und darin diese besondere Geschichte zu erkennen, von der du heute gehört hast … … diese Geschichte ist auch deine Geschichte … … die Geschichte deiner Angst und Panik … … Im Land der Träume wird sie dann auch zu dem Weg deiner Befreiung und zu deiner inneren Heilung … … Du machst dir noch einmal klar, dass das Land der Träume ganz tief in dir drin ist … … Dort war es schon immer … … Ich erzähle dir nur davon … …

[Erlaube dir noch einen Augenblick der Entspannung und spüre in die Tiefe deines Gefühls. Nimm alle Bilder und Gedanken einfach an und begegne ihnen mit Achtsamkeit und Sanftmut. Lass deine Atmung bewusst werden. Spüre den Wind deines Atems und komm mit dem nächsten Atemzug zurück in deinen Körper. Spüre und erlebe deinen Körper bewusst. Spüre auch die Unterlage, auf der du sitzt/liegst, und bereite dich darauf vor, in Verbundenheit zu dir selbst wach zu werden. Dein Körper hat das Bedürfnis sich zu bewegen und du wirst nun wieder wach. Du öffnest die Augen und bist wach!]

Panikanfälle, Angstattacken

Zweite Sitzung (Vergangenheitsbewältigung)

[Angst gehört zu den schlimmsten und bedrohlichsten Gefühlen in uns, weil Angst immer auch etwas Unberechenbares hat. Du kennst die Angst als plötzlich hereinbrechende Furcht, die innerhalb kurzer Zeit immer größer wird, so groß, dass du befürchtest zu ersticken oder zu sterben. Dann wird die Angst zur Todesangst, die schlimmer nicht mehr vorstellbar ist. Doch mit der Zeit ist eine weitere Angst entstanden, die wir Angst vor der Angst nennen könnten. Auch die kennst du gut. Du weißt, wie das ist, zu befürchten, dass bald die nächste Angstattacke kommen könnte, dich nicht mehr raus zu trauen, weil du eben Angst vor der Angstattacke hast. Du lebst schon seit Langem in dieser ständigen Erwartung der nächsten Angst. Dieses Warten und Bangen ist inzwischen vielleicht schon zum größeren Problem geworden, ist schlimmer als der eigentliche Anfall der Angst, der im Vergleich zu dieser Dauerbefürchtung ja seltener kommt. Angst ist ein Gefühl, und oft hast du dich gefragt, wo sie wohl herkommt, hast vielleicht für dich mögliche Erklärungen oder scheinbare Ursachen gefunden. Doch es ist nicht einfach so, dass du irgendwann früher ganz schlimm Angst hattest und deswegen heute Panikanfälle hast. Es ist anders. All das ist anders entstanden, doch viel wichtiger ist die Frage, wie es beendet werden kann, damit du wieder leichter leben kannst. Und genau das ist möglich. Wenn heute schon der richtige Augenblick dafür gekommen ist, wird heute schon alles anders.]

Ankommen im Land der Träume. Heute kannst du eine besondere Reise antreten ... ... eine Reise in ein Land, das häufig so weit entfernt scheint, doch heute ganz nahe liegt ... ... das Land der Träume ... ... Spüre, wie dein Atem mit jedem Zug aus dir heraus strömt ... ... Stell dir dabei vor, du könntest mit deinem Atem aus deinem Körper heraus schlüpfen und auf eine fantastische Reise gehen ... ... eine Reise zu dir selbst ... ... Wie ein Vogel dem Wind folgt, so folgst du dem Zug deines Atems und schlüpfst aus deinem Körper heraus ... ... Getragen vom Wind deines Atems ... ... verlässt du jetzt deine Gedanken und deinen Körper und gehst in das Land der Träume ... ... Im Land deiner Träume ist alles möglich, was du dir vorstellen kannst und noch viel mehr … … denn aus jeder Idee kann Wahrheit werden, wenn der richtige Augenblick dafür gekommen ist … … und wer weiß … … vielleicht ist dieser besondere Augenblick gerade jetzt … …

Distanzierung vom Bewussten. Du stehst auf der Straße der Angst, eine Straße, die du gut kennst … … Du gehst ja schon so lange auf dieser Straße und hast bisher keinen Ausweg gefunden, keine Möglichkeit, von der Straße runter zu gehen und einen neuen Weg zu finden … … Du gehst also auch hier im Land der Träume auf dieser Straße der Angst, doch hier mit dem Gefühl einer Lösung entgegen zu gehen … … der Auflösung deiner Angst, damit du dann tatsächlich einen neuen Weg finden kannst … … dieser neue Weg ergibt sich dann vielleicht von selbst, weil mit dem Ende der Angst auch die Straße der Angst ihren Sinn verliert und sich auflöst … … im Land der Träume und in deinem wachen Leben … … Die Straße, auf der du gehst, ist dunkelgrau … … Es scheint, als wäre es einst eine schöne farbige Straße gewesen, die dir sicheren Halt auf deinem Weg hätte geben können … … doch jetzt ist sie grau und abgenutzt … … Es gibt Schlaglöcher, die zu Stolperfallen geworden sind … … und täglich begleitet dich die Furcht davor, erneut in ein solches Loch zu treten und zu straucheln … … von der Angst dann eingeholt und erfasst zu werden … … Doch heute ist alles anders … … Du bist im Land der Träume, in dem alles möglich ist, vor allem all das, was früher nicht möglich schien … …

Bewusstseinsreinigung. Du kommst zu einer Wand aus purem Licht … … weißes Licht, das funkelt und strahlt … … Du gehst ganz nah heran und berührst die Wand mit deinen Händen … … Du kannst durch sie hindurch greifen … … und deine Hände und Arme werden von dem weißen Licht erfasst, das wie ein warmer Windhauch durch deinen ganzen Körper fließt … … Du beobachtest, wie deine Arme und Schultern weiß strahlen … … auch dein Oberkörper beginnt zu leuchten, und auch deine Beine strahlen weißes Licht aus … … Schließlich wird auch dein Kopf von weißem Licht erfüllt … … und du gehst mit der Kraft des Lichtes durch die Wand hindurch wie durch eine offen stehende Tür … …

Konfrontation und Klärung. Du gehst weiter auf der Straße der Angst, doch die Kraft des weißen Lichtes, die du beim Durchschreiten der Wand aus Licht mitgebracht hast, ist so stark, dass du jedes Schlagloch und jede Unebenheit heute hier erkennen würdest … … So gehst du heute schon sicherer denn je auf dieser Straße, die irgendwann im Verlauf deiner Geschichte zur Straße deines Lebens geworden ist … … Diese Straße führt dich zum Kino des einen Augenblicks … … Du gehst in das Kino und bist der einzige Besucher hier … … Die Leinwand ist dunkel, obwohl der Film, den du dir ansehen kannst, schon seit vielen Jahren läuft wie in einer Endlosschleife immer und immer wieder das Gleiche wiederholt … … Du machst es dir bequem im Kino des einen Augenblicks, das so genannt wird, weil es hier auf den besonderen Augenblick ankommt … … auf den Augenblick, der alles ändern kann in deinem Leben … … weil du in diesem besonderen Augenblick erkennen und verstehen kannst, wie es einst dazu kam, dass die Angst sich so in dir ausbreiten und festsetzen konnte … … weil du aber auch in diesem einen besonderen Augenblick darauf vertrauen kannst, das alles wieder in Ordnung gebracht wird im Land der Träume … … Vielleicht fragst du dich ja, wann dieser besondere Augenblick sein könnte … … Nun, dieser besondere Augenblick ist immer dann gekommen, wenn du das Kino des einen Augenblicks im Land der Träume betrittst, so wie jetzt … … genau so wie jetzt … … Dann beginnt der Film für dich zu laufen … … wie in einem Kinotrailer, der die wichtigsten Szenen eines Films zusammenfasst, siehst du ganz viele Szenen aus deinem Leben … … Szenen der jüngeren Vergangenheit, durchmischt mit Szenen aus deiner Jugend und Szenen aus deiner Kindheit … … Lass die Bilder deiner Erinnerung einfach da sein und wirken … … Sie werden dir helfen … … jetzt und in der Zukunft, die in der nächsten Sekunde schon beginnt … … Dann siehst du eine ganz besondere Szene, die dir zeigt, wann und wo deine Angst entstanden ist … … Was auch immer du siehst, die Bilder zeigen dir, welche Situation oder welcher Lebensabschnitt, welche Personen und Begegnungen in deinem Leben am meisten dazu beigetragen haben, dass du heute mit dieser Angst und der Angst vor der Angst zu tun hast … … oder bis vor wenigen Augenblicken hattest … … Du erinnerst dich daran, dass du damals nicht so sein durftest oder konntest, wie du es eigentlich warst, weil du deine eigenen Gefühle nicht leben durftest oder konntest ... ... wer auch immer sie dir verboten hat oder dazu beigetragen hat, dass du entschieden hast, deine Gefühle zu verbergen und sogar in dir zu verleugnen, damit sie dir nicht so weh tun ... ... Damals hast du gelernt, deine Gefühle zu unterdrücken. Das war nicht deine Schuld, es durfte damals nicht anders sein. Es musste und konnte nur so geschehen, wie es geschah ... ... und das hat zu deiner heutigen Angst geführt, obwohl vielleicht die verleugneten Gefühle von damals gar nichts mit Angst zu tun hatten ... ... Heute aber ist es anders ... ... Im Kino des einen Augenblicks lernst du tief in dir wie das geht, dich selbst anzunehmen und frei und fröhlich zu sein ... ... Angst loszulassen und Stärke und Sicherheit aufzubauen ... ... die Sicherheit des eigenen Gefühls, die dir auch Sicherheit in deinem Leben bringt ... ... Du weißt nun, dass es auf deine echten Gefühle ankommt und gehst aus dem Kino nach draußen ... ... Du vertraust darauf, dass du tief in dir nun lernst, Angst loszulassen und frei zu werden ... ...

Schritt in die Gegenwart. Vor dir erscheint ein großes goldenes Tor, das Tor der inneren Freiheit, das dich einlädt, mit einem großen Schritt in die Gegenwart zu gehen und damit in die innere Freiheit ... ... Freiheit von Angst und Befürchtungen ... ... und damit in eine Gegenwart von Hoffnung und Zuversicht ... ... Kraft und Vertrauen ... ... denn alles Vergangene soll nun der Vergangenheit angehören ... ... Alles, was du in der Vergangenheit lernen und dort erledigen konntest, ist bereits getan ... ... Das goldene Tor öffnet sich und du gehst mit einem großen Schritt hindurch und kommst im Augenblick der Gegenwart an ... ...

Kreative Neuausrichtung. Du kommst zu einem neuen, silbernen Weg, der funkelt und blitzt, als sei er gerade erst aus purem Silber gemacht worden ... ... Auf diesem Weg gehst du weiter und stellst dir vor, wie schön das sein wird, sobald es dir dann auch in deinem wachen Alltag gelungen ist, ganz frei von Angst und Furcht zu sein ... ... endlich wieder in Ruhe und Frieden zu leben ... ... Du malst dir Bilder aus, die dir zeigen, wie du wieder unbeschwert und gut gelaunt durch die Straßen deiner Stadt gehst ... ... mit Kraft und Freude der Zukunft entgegen ... ...

Selbstversöhnung. Dann hörst du im Wind die Stimme eines Kindes, eine Stimme, die du schon oft gehört hast vor langer Zeit … … Sie klingt wie deine eigene Kinderstimme sich angehört hat, du erinnerst dich jetzt wieder daran … … Dann kommt dir dieses Kind entgegen, dem die Stimme gehört … … dieses Kind, das genau so aussieht wie du damals ausgesehen hast … … und du fühlst, dass es ein Teil von dir ist, den du nur im Land der Träume als Kind erkennst … … dein inneres Kind, das hier auf dich und deine Erlösung gewartet hat … … Es begrüßt dich und gibt dir die Hand als Zeichen der Verbundenheit und Liebe … … Dann siehst du eine ganze Gruppe von Kindern … … Es sind die glücklichen Kinder, die auf dein inneres Kind warten, um mit ihm gemeinsam zum Horizont zu laufen … … dorthin, wo deine Zukunft beginnt und du das innere Kind als erwachsene Person wieder treffen wirst … …

Achtsamkeit und Selbsttreue. Du bleibst stehen, um einen Moment zu verweilen und das Land der Träume mit seiner ganzen Kraft für dich wirken zu lassen … … um für dich selbst und für dein inneres Kind Mut und Hoffnung zu schöpfen … … Du hörst das Lachen der glücklichen Kinder im Wind und dein eigenes Lachen hallt durch das Land der Träume … … Dann denkst du darüber nach, dass das Land der Träume ganz tief in dir drin ist … … Dort war es schon immer … … Ich erzähle dir nur davon … …

[Erlaube dir noch einen Augenblick der Entspannung und spüre in die Tiefe deines Gefühls. Nimm alle Bilder und Gedanken einfach an und begegne ihnen mit Achtsamkeit und Sanftmut. Lass deine Atmung bewusst werden. Spüre den Wind deines Atems und komm mit dem nächsten Atemzug zurück in deinen Körper. Spüre und erlebe deinen Körper bewusst. Spüre auch die Unterlage, auf der du sitzt/liegst, und bereite dich darauf vor, in Verbundenheit zu dir selbst wach zu werden. Dein Körper hat das Bedürfnis sich zu bewegen und du wirst nun wieder wach. Du öffnest die Augen und bist wach!]

Panikanfälle, Angstattacken
Dritte Sitzung (Loslassen der Schuldgefühle)

[Verantwortungsgefühle führen oft zu schlechtem Gewissen. Zwar sind wir für vieles verantwortlich, doch für vieles eben auch nicht. Und Verantwortung ist ja keine Schuld. Du hast dich für ganz viele Dinge in deinem Leben immer wieder verantwortlich gefühlt, hast geglaubt, dass du die Verantwortung für das Gelingen oder Funktionieren von Abläufen oder Personen hattest. Und wenn du dieser so großen Verantwortung nicht gerecht werden konntest oder zumindest dachtest, dass du sie nicht erfüllt hättest, dann hast du dich schuldig gefühlt. So konnte und kann dann Verantwortung zu Schuldgefühlen führen. Vielleicht wurde dir schon in deiner Kindheit viel abverlangt, von dir erwartet oder sogar gefordert, Verantwortung zu tragen, für Geschwister, für den Haushalt oder für eine andere Person. Vielleicht hast du auch gesehen, dass einiges aus dem Ruder lief und hast die Verantwortung dann selbst übernommen. Weil kein anderer sie tragen konnte oder wollte oder einfach niemand da war, der es hätte tun können. Doch selbst wenn du völlig freiwillig entschieden hättest, die so übergroße Verantwortung zu tragen, die dir damals normal vorkam, so hättest du keinen Fehler gemacht und wärest auch nicht selbst der Urheber des ganzen inneren Leidens. Denn zu viel Verantwortung zu übernehmen, und das hast du getan, hast zu lange zu viel Verantwortung getragen, geschieht eben nur, wenn du vorher schon erfahren hast, dass das in irgendeiner Art und Weise von dir zu erwarten wäre, dass es in Ordnung wäre, so viel Verantwortung zu tragen. Doch heute weißt du, dass du das gar nicht wirklich erfüllen konntest, jedenfalls nicht, ohne dabei Schaden zu nehmen, weil du und deine Gefühle dabei auf der Strecke bleiben mussten. Heute sollen die Schuldgefühle beendet werden. Ein für allemal.]

Ankommen im Land der Träume. Heute kannst du eine besondere Reise antreten … … eine Reise in ein Land, das häufig so weit entfernt scheint, doch heute ganz nahe liegt … … das Land der Träume … … Spüre, wie dein Atem mit jedem Zug aus dir heraus strömt … … Stell dir dabei vor, du könntest mit deinem Atem aus deinem Körper heraus schlüpfen und auf eine fantastische Reise gehen … … eine Reise zu dir selbst … … Wie ein Vogel dem Wind folgt, so folgst du dem Zug deines Atems und schlüpfst aus deinem Körper heraus … … Getragen vom Wind deines Atems … … verlässt du jetzt deine Gedanken und deinen Körper und gehst in das Land der Träume … … Im Land deiner Träume ist alles möglich, was du dir vorstellen kannst und noch viel mehr … … denn aus jeder Idee kann Wahrheit werden, wenn der richtige Augenblick dafür gekommen ist … … und wer weiß … … vielleicht ist dieser besondere Augenblick gerade jetzt … …

Distanzierung vom Bewussten. Du schlenderst durch das Traumland, und deine Gedanken verlieren sich im Wind, der dich sanft berührt … … Du denkst an die Angst und wie sie lange war … … Dann denkst du darüber nach, was sich schon verändert hat und dass du spürst und beobachtest, dass sie kleiner wird und unbedeutender … … Du gehst gemütlich, Schritt für Schritt … … immer tiefer und immer wieder in das Land der Träume hinein, das vielleicht jedes Mal anders aussieht, wenn du es besuchst … … denn auch du veränderst dich ständig, lernst hinzu … … befreist dich von alten ausgedienten Denkmustern und unechten Gefühlen … … So verändert sich deine Gefühlswelt und damit dann auch das Land der Träume, das ein Abbild davon ist … …

Bewusstseinsreinigung. Du kommst zu einer Wand aus purem Licht … … weißes Licht, das funkelt und strahlt … … Du gehst ganz nah heran und berührst die Wand mit deinen Händen … … Du kannst durch sie hindurch greifen … … und deine Hände und Arme werden von dem weißen Licht erfasst, das wie ein warmer Windhauch durch deinen ganzen Körper fließt … … Du beobachtest, wie deine Arme und Schultern weiß strahlen … … auch dein Oberkörper beginnt zu leuchten, und auch deine Beine strahlen weißes Licht aus … … Schließlich wird auch dein Kopf von weißem Licht erfüllt … … und du gehst mit der Kraft des Lichtes durch die Wand hindurch wie durch eine offen stehende Tür … …

Konfrontation und Klärung. Du stehst auf der Straße der Angst, die dich auf deinem heutigen Weg durch das Land der Träume an Bildern vorbei führt, die dir etwas über dich und deine Angst zeigen … … Sie zeigen dir, wie das so oft war in den Angst besetzten Momenten, in den Augenblicken als die Angst plötzlich hereinbrach und dich ganz ergriffen hat ... ... Das hast du oft erlebt, sehr oft ... ... vor Jahren schon, aber auch in der jüngeren Vergangenheit ... ... Du wirst auf dieser Reise von einer Person deiner Wahl begleitet, die dich besonders gut trösten kann oder könnte, wenn eine plötzliche Angstattacke aufkommt in deinem Alltag und dieser Mensch dann bei dir wäre ... ... Als erstes kommst du zu einem Bild, das dir zeigt, wie du einmal eine Angstattacke unterwegs hattest, auf offener Straße oder in einer Menschenmenge ... ... Ganz plötzlich brach die Angst herein, du konntest gar nichts dagegen unternehmen ... ... vielleicht haben dich die Leute angestarrt, vielleicht hast du das aber auch gar nicht bemerkt, weil du mit dir und mit deinem Überleben beschäftigt warst ... ... zumindest kam es dir vor als würdest du ersticken oder sterben ... ... Du siehst dir das noch einmal an wie in einem Standbild ... ... und die Trösterin oder der Tröster, der jetzt bei dir ist, nimmt dich in den Arm und sagt dir, dass es nicht deine Schuld war, dass du auch nichts Falsches getan, gedacht oder gesagt hast ... ... Es war zu keiner Zeit deine Schuld ... ... und dann nimmst du dich auch selbst in den Arm, tröstest dich selbst für das erfahrene Leid in der Panik und für das Leid der früheren Zeit, auch dann, wenn früheres Leiden nichts mit Angst zu tun gehabt hätte ... ... Dann löst sich dieses Bild der unangenehmen Situation vor deinen Augen auf, denn es hat längst ausgedient ... ... Du brauchst es nicht mehr ... ... Dann gehst du weiter, begleitet von deinem Tröster oder deiner Trösterin und kommst zu einem Bild, das dir zeigt, wofür du am meisten ein schlechtes Gewissen hattest oder bis heute hast ... ... vielleicht ein Bild, das gar nichts mit deiner Angst zu tun hat, jedenfalls nicht auf den ersten Blick ... ... vielleicht siehst du hier etwas, das du versäumt hast ... ... etwas, das du getan hast und später gedacht hast, du hättest es nicht tun sollen ... ... oder dir gewünscht hast, es möge ungeschehen sein ... ... Doch das ist nicht möglich, es ist so geschehen, wie es eben war, nichts und niemand kann es jemals ungeschehen machen, so wie alles, was in deinem Leben geschehen ist, nicht mehr ungeschehen gemacht werden kann ... ... Der Mensch, der dich zum Trost begleitet, nimmt dich auch hier in den Arm und hält dich fest, tröstet dich für deinen Schmerz und dein Leiden ... ... für das schlechte Gewissen und deine Schuldgefühle, damit du sie loslassen kannst ... ... Dann nimmst du dich selbst in den Arm, um dich

selbst zu trösten für alle Belastungen und Beschwernisse, die du bis heute tragen musstest … … Du kommst zu einer Quelle, aus der hellblaues
Wasser sprudelt … … Du hörst das Geräusch des sprudelnden Wassers
und setzt dich an diese Quelle … … Du tauchst deine Hände in das an-
genehm warme, hellblaue Wasser … … Heute darfst du deine Hände in
Unschuld waschen … … Du reinigst deine Hände solange bis in dir das
Gefühl entsteht, dass du deine Schuldgefühle jetzt loslassen kannst … …
Du erinnerst dich daran, dass das Land der Träume uns lehrt, dass vor
allem die Gefühle, die gar nicht unsere eigenen waren, zu den vielen
Schwierigkeiten in unserem Leben führen … … So ist dann auch ein
großer Teil unserer Schuldgefühle nicht in uns selbst geboren, sondern
in den Gefühlen, die wir einst für unsere gehalten haben oder heute
noch dafür halten … … Doch es sind nur Scheingefühle … …

Schritt in die Gegenwart. Vor dir erscheint ein großes goldenes Tor, das
Tor der inneren Freiheit, das dich einlädt, mit einem großen Schritt in
die Gegenwart zu gehen und damit in die innere Freiheit … … Freiheit
von Angst und Befürchtungen … … und damit in eine Gegenwart von
Hoffnung und Zuversicht … … Kraft und Vertrauen … … denn alles
Vergangene soll nun der Vergangenheit angehören … … Alles, was du
in der Vergangenheit lernen und dort erledigen konntest, ist bereits getan … … Das goldene Tor öffnet sich und du gehst mit einem großen
Schritt hindurch und kommst im Augenblick der Gegenwart an … …

Kreative Neuausrichtung. Du stehst auf einer Blumenwiese und hörst die
Vögel singen … … noch immer hörst du das Fließen des hellblauen
Quellwassers, das dir weiter hilft, frei von Schuldgefühlen zu sein und
zu bleiben … … Du legst dich hin und schaust in den Himmel, an dem
weiße Wolken ziehen … … und zwischen den Wolken siehst du Bilder,
die dir zeigen, wie schön das sein wird, sobald du in deinem wachen
Alltag wieder unbeschwert vor die Tür gehen kannst, weil du darauf
vertraust, dass du das schaffst … … dass du frei und leicht deinen Tag
und dein Leben gestalten kannst … … Dann schläfst du ein und träumst
einen schönen Traum von dieser Zukunft und im Einschlafen fällt dir
ein, dass die Zukunft schon mit dem nächsten Wimpernschlag beginnt
… …

Selbstversöhnung. Und als du die Augen wieder öffnest, siehst du die Gruppe der glücklichen Kinder vorüber laufen, ganz vorne, allen voran, dein inneres Kind ... ... dieses Kind, das die Sehnsucht und die unerfüllten Wünsche der längst vergangenen Zeit in sich trägt ... ... Es winkt dir zu, doch es hat keine Zeit mehr zu verlieren, daher läuft es mit den anderen Kindern weiter zum Horizont, wo es erwachsen sein wird ... ... Du lächelst und winkst deinem inneren Kind zu ... ... Dein Mut und dein Loslassen tragen es zum Horizont, schneller als es je gedacht hätte ... ... viel schneller ... ... Dann stehst du auf und wanderst selbst zum Horizont, um dein inneres Kind als dein erwachsenes Alter Ego wieder zu sehen ... ...

Achtsamkeit und Selbsttreue. Du bleibst stehen, um einen Moment zu verweilen und das Land der Träume mit seiner ganzen Kraft für dich wirken zu lassen ... ... um für dich selbst und für dein inneres Kind Mut und Hoffnung zu schöpfen ... ... Du hörst das Lachen der glücklichen Kinder im Wind und dein eigenes Lachen hallt durch das Land der Träume ... ... Dann denkst du darüber nach, dass das Land der Träume ganz tief in dir drin ist ... ... Dort war es schon immer ... ... Ich erzähle dir nur davon ... ...

[Erlaube dir noch einen Augenblick der Entspannung und spüre in die Tiefe deines Gefühls. Nimm alle Bilder und Gedanken einfach an und begegne ihnen mit Achtsamkeit und Sanftmut. Lass deine Atmung bewusst werden. Spüre den Wind deines Atems und komm mit dem nächsten Atemzug zurück in deinen Körper. Spüre und erlebe deinen Körper bewusst. Spüre auch die Unterlage, auf der du sitzt/liegst, und bereite dich darauf vor, in Verbundenheit zu dir selbst wach zu werden. Dein Körper hat das Bedürfnis sich zu bewegen und du wirst nun wieder wach. Du öffnest die Augen und bist wach!]

Panikanfälle, Angstattacken

Vierte Sitzung (Verzicht auf Wiedergutmachung)

[Du warst schon viele Male im Land der Träume, hast hier bei mir immer wieder Reisen unternommen, auf denen ich dich geführt habe. Genau genommen habe ich dich nur begleitet, denn das Land der Träume ist für jeden Menschen anders. Jeder hat sein eigenes Land der Träume und so kannst immer nur du selbst es gewesen sein, der mich dorthin eingeladen hat. Das Land deiner Träume gehört nur dir. Ich habe es dir nur gezeigt, dir den bewussten Zugang ermöglicht. Vielleicht ist dir inzwischen längst aufgefallen, dass du schon vorher im Land der Träume warst, schon oft sogar, nur hast du es nicht richtig bemerkt oder du hast es anders genannt. Vielleicht waren deine Träume und Fantasien oft Zufluchtsort, um in den schweren Zeiten deines Lebens emotional zu überleben und dir einen Traum von einer besseren Zukunft auszumalen. Von einer Zukunft ohne Angst und Schrecken, von einer Zukunft ohne die Lasten der Vergangenheit. Wenn du darüber nachdenkst, was Vergangenheit ist oder sein kann, dann kannst du dir das vielleicht so vorstellen, dass unsere Erinnerung an Vergangenes ein Abbild einer Vorstellung davon ist, wie es einst war. Wenn wir zurück denken, auch dann, wenn wir uns sehr genau zu erinnern glauben oder Sachverhalte auch nachweislich genau wiedergeben können, dann mischt sich doch unsere Bewertung und Beurteilung des Vergangenen ein und verändert Bilder und Emotionen. Das ist nicht schlimm, wenn wir verstehen, dass das Vergangene beendet ist. Doch haben wir oft den Wunsch, es möge anders gewesen sein oder hoffen auf einen Ausgleich in der Gegenwart für das erlittene Unrecht oder Leiden in der Vergangenheit. Ob es diesen Ausgleich geben wird, liegt nicht in unserer Hand, doch etwas Wichtigeres kann getan werden, und das liegt in unserer Hand, also auch in deiner Hand für dein Leben. Und das ist das Verzichten auf Wiedergutmachung des Vergangenen, denn was vorbei ist, kann nicht wieder gutgemacht werden. Wir alle können ab sofort alles anders und wahrscheinlich auch alles besser machen als vorher, doch niemals das verändern, was bereits gewesen ist. Darauf und nur darauf kannst du aber verzichten, auch wenn es schwer fällt. Das Land der Träume hilft dir dabei.]

Ankommen im Land der Träume. Heute kannst du eine besondere Reise antreten … … eine Reise in ein Land, das häufig so weit entfernt scheint, doch heute ganz nahe liegt … … das Land der Träume … … Spüre, wie dein Atem mit jedem Zug aus dir heraus strömt … … Stell dir dabei vor, du könntest mit deinem Atem aus deinem Körper heraus schlüpfen und auf eine fantastische Reise gehen … … eine Reise zu dir selbst … … Wie ein Vogel dem Wind folgt, so folgst du dem Zug deines Atems und schlüpfst aus deinem Körper heraus … … Getragen vom Wind deines Atems … … verlässt du jetzt deine Gedanken und deinen Körper und gehst in das Land der Träume … … Im Land deiner Träume ist alles möglich, was du dir vorstellen kannst und noch viel mehr … … denn aus jeder Idee kann Wahrheit werden, wenn der richtige Augenblick dafür gekommen ist … … und wer weiß … … vielleicht ist dieser besondere Augenblick gerade jetzt … …

Distanzierung vom Bewussten. Du stehst auf einem breiten Weg, der in die Tiefe führt … … Du folgst diesem Weg, der dich in das tiefe Tal der Stille bringt … … das Tal, in dem die Welt still zu stehen scheint … … wie eingefroren in einem vergessenen Moment oder einer vergessenen Zeit … … Du kommst im Tal der Stille an und gehst deinen Weg, denn am Ende des Tales wird es einen schmalen Durchgang geben, durch den du ein fruchtbares und reiches Land erreichen kannst … … Das ist dein heutiges Ziel … … den Durchgang in eine neue und freie Zeit zu erreichen … … am Ende des Tales … … Doch dort wartet noch eine wichtige Aufgabe auf dich … … die Aufgabe des Loslassens zum Öffnen des Durchgangs … …

Bewusstseinsreinigung. Du kommst zu einer Wand aus purem Licht … … weißes Licht, das funkelt und strahlt … … Du gehst ganz nah heran und berührst die Wand mit deinen Händen … … Du kannst durch sie hindurch greifen … … und deine Hände und Arme werden von dem weißen Licht erfasst, das wie ein warmer Windhauch durch deinen ganzen Körper fließt … … Du beobachtest, wie deine Arme und Schultern weiß strahlen … … auch dein Oberkörper beginnt zu leuchten, und auch deine Beine strahlen weißes Licht aus … … Schließlich wird auch dein Kopf von weißem Licht erfüllt … … und du gehst mit der Kraft des Lichtes durch die Wand hindurch wie durch eine offen stehende Tür … …

Konfrontation und Klärung. Du stehst an einer Mauer, die den Ausgang aus dem Tal der Stille versperrt … … die Mauer deiner Angst, doch du siehst, dass die Steine ganz locker aufeinander liegen … … Du hast bereits so viel erreicht und erledigt, dass die Mauer nur noch aus lockeren Steinen besteht … … Jeder Stein steht für einen Beitrag zum Entstehen deiner Angst … … Viele Menschen haben einen Beitrag zum Entstehen deiner Angst geleistet, haben einen oder mehrere Steine für deine Mauer der Angst in dein Leben gebracht … … für die Panikmauer, an der du jetzt stehst … … Wenn du sie abbauen und alle Steine entsorgen könntest, wärest du frei und könntest aus dem Tal der Stille heraus in die blühenden Landschaften gehen, die dahinter auf dich warten … … Dann siehst du graue Gestalten auf dich zu gehen … … Schatten der Menschen, denen du in deinem Leben begegnet bist … … Manche haben dir damals absichtlich einen Stein der Angst gebracht, andere wussten nicht, dass sie es taten … … Doch heute geht es nur noch darum, die Mauer der Angst einzureißen … … Du willst nichts mehr von diesen Menschen haben oder bekommen, denn was auch immer sie dir an Geschenken oder Entschädigungen bringen könnten, wären nur erneute Bausteine … … vielleicht für etwas Gutes und Heilsames, doch die Mauer der Angst würde sich nicht verändern … … Du machst also etwas anderes … … Du gehst den Weg des Traumlandes … … Du gibst jeder Person, jeder Schattengestalt, die du hier triffst, einen Stein deiner Panikmauer zurück … … als symbolische Handlung dafür, dass du jedem Menschen in deinem Leben hier im Land der Träume seinen Anteil am Entstehen deiner Angst zurück gibst … … So lässt du einen nach dem anderen nach vorne treten, gibst jedem einzelnen einen Stein und verzichtest darauf, etwas anderes als Ausgleich zu bekommen … … Wichtig ist, dass du die Bausteine der Angst jetzt zurück gibst, im Land der Träume … … dann verschwinden sie auch aus deinem wachen Leben … … Wahrscheinlich sind viele Schattengestalten da, deren Gesichter du kennst, weil du mit ihnen gerechnet hast … … andere werden dich überraschen, weil du nicht wusstest, dass auch sie einen Beitrag zu deiner Angst geleistet haben, und vielleicht wussten sie es selbst nicht … … doch auf irgendeine

Art und Weise hat jede Begegnung deines Lebens, jeder Augenblick, auch dazu beigetragen, dass es so kam … … dass die Panik mit der Zeit entstehen konnte … … Letzen Endes sind wir immer das, was wir sind und wie wir sind, aus der Summe aller Begegnungen und Ereignisse unseres Lebens … … vielleicht begegnen dir hier auch Menschen als Schatten, die du nicht kennst, weil auch Menschen, die dir nicht unmittelbar begegnet sind, einen Stein in dein Leben gebracht haben … … vielleicht weil andere, die du kanntest oder kennst mit ihnen zu tun hatten und den Stein weiter gereicht haben … … Es gibt aber auch solche Menschen, die dir hier ohne Gesicht begegnen, weil sie in deinem Leben nie gezeigt haben, welche Rolle sie spielten … … weil sie mit ihren Absichten und Zielen, ob wohlwollend oder nicht, im Verborgenen geblieben sind … … daher haben sie auch hier kein Gesicht … … Doch jedem, der nach vorne tritt, gibst du einen Stein zurück bis die Mauer abgetragen ist … … Du gibst den letzten Stein jetzt weiter … …

Schritt in die Gegenwart. Vor dir erscheint ein großes goldenes Tor, das Tor der inneren Freiheit, das dich einlädt, mit einem großen Schritt in die Gegenwart zu gehen und damit in die innere Freiheit … … Freiheit von Angst und Befürchtungen … … und damit in eine Gegenwart von Hoffnung und Zuversicht … … Kraft und Vertrauen … … denn alles Vergangene soll nun der Vergangenheit angehören … … Alles, was du in der Vergangenheit lernen und dort erledigen konntest, ist bereits getan … … Das goldene Tor öffnet sich und du gehst mit einem großen Schritt hindurch und kommst im Augenblick der Gegenwart an … …

Kreative Neuausrichtung. Du hast das Tal der Stille überwunden, hast die Mauer abgetragen und alle Steine zurück gegeben … … Nun wanderst du durch das fruchtbare Land hinter dem Tal und siehst alles um dich herum wachsen und gedeihen … … Alles blüht und ist farbenfroh … … Hier gibt es keine Mauern und keine Hindernisse … … Das Land und das Leben stehen dir offen … … Du findest einen wunderschönen blühenden Baum mit roten Blütenblättern … … Du setzt dich unter diesen Baum, der zum Symbol für dein inneres Wachsen und Reifen wird … … dein Lebensbaum in der Farbe der Selbstliebe … … der roten Liebe von dir für dich … … Liebe von dir für dich … …

Selbstversöhnung. Dann hörst du Kinderstimmen, die glücklichen Kinder laufen zu dir und allen voran dein inneres Kind ... ... das Kind, das deine Gefühle und deine Gedanken kennt, denn es sind auch seine ... ... Du pflückst die schönste rote Blüte von deinem Lebensbaum und schenkst sie dem inneren Kind, das deinen Mut und deine Entschlossenheit spüren kann und auch in sich selbst fühlen kann ... ... Dann umarmst du das innere Kind, das sich liebevoll an dich schmiegt ... ... Dann schickst du es zurück zu der Gruppe der glücklichen Kinder, die so schnell sie nur können zum Horizont laufen ... ... Du wartest noch einen Augenblick unter dem Baum deines Lebens, dem Baum deines neuen und angstfreien Lebens ... ... Dann pflückst du auch dir eine rote Blüte und steckst sie dir an ... ... und Schritt für Schritt, in deinem Tempo, in deiner Geschwindigkeit, gehst auch du zum Horizont ... ... deiner Zukunft entgegen ... ...

Achtsamkeit und Selbsttreue. Du bleibst stehen, um einen Moment zu verweilen und das Land der Träume mit seiner ganzen Kraft für dich wirken zu lassen ... ... um für dich selbst und für dein inneres Kind Mut und Hoffnung zu schöpfen ... ... Du hörst das Lachen der glücklichen Kinder im Wind und dein eigenes Lachen hallt durch das Land der Träume ... ... Dann denkst du darüber nach, dass das Land der Träume ganz tief in dir drin ist ... ... Dort war es schon immer ... ... Ich erzähle dir nur davon ... ...

[Erlaube dir noch einen Augenblick der Entspannung und spüre in die Tiefe deines Gefühls. Nimm alle Bilder und Gedanken einfach an und begegne ihnen mit Achtsamkeit und Sanftmut. Lass deine Atmung bewusst werden. Spüre den Wind deines Atems und komm mit dem nächsten Atemzug zurück in deinen Körper. Spüre und erlebe deinen Körper bewusst. Spüre auch die Unterlage, auf der du sitzt/liegst, und bereite dich darauf vor, in Verbundenheit zu dir selbst wach zu werden. Dein Körper hat das Bedürfnis sich zu bewegen und du wirst nun wieder wach. Du öffnest die Augen und bist wach!]

Panikanfälle, Angstattacken
Fünfte Sitzung (Abschlussritual)

[Angst kann gehen, sie kann uns verlassen so wie sie uns auch erreichen konnte. Du hast bereits Veränderungen deiner Angst erfahren, kannst besser damit umgehen und leichter dein Leben gestalten, auch ohne die früher ständige Furcht vor erneuten Angstanfällen. Du weißt, dass die Anfälle der Angst wie ein inneres Explodieren waren, weil früher so vieles von deinen eigentlichen Bedürfnissen auf der Strecke blieb. Dann haben sich im Lauf der Jahre so viele Anforderungen in dir angesammelt, dass es einfach zu viel wurde, so viel, dass der Druck in dir und der Wunsch nach Ruhe und Frieden irgendwann einfach aus dir heraus platzen mussten. Immer wieder ist der Druck aus dir heraus geplatzt und hat sich als panikartige Angst gelöst. Das ist anders geworden, und es kann noch besser werden, sobald es dir gelingt, nicht nur mit Respekt sondern auch mit echter Zuneigung dir selbst zu begegnen, mit Selbstliebe, die wir im Land der Träume auch die Liebe von dir für dich nennen. Deine heutige Reise soll dir dabei helfen, den Rest der Angst vor der Angst, wenn es diesen Rest gibt, nun auch noch loszulassen und immer wieder, wenn du diese Reise wiederholst. Darüber hinaus aber, und das ist vielleicht sogar noch wichtiger, soll dir die heutige Reise helfen, dich selbst immer wieder anzunehmen, zu mögen und auch zu lieben. Du weißt, im Land der Träume ist alles möglich. Und alles, was hier möglich ist, ist auch in deinem wachen Alltag möglich. An jedem Tag deines Lebens, an jedem einzelnen Tag.]

Ankommen im Land der Träume. Heute kannst du eine besondere Reise antreten ... ... eine Reise in ein Land, das häufig so weit entfernt scheint, doch heute ganz nahe liegt ... ... das Land der Träume ... ... Spüre, wie dein Atem mit jedem Zug aus dir heraus strömt ... ... Stell dir dabei vor, du könntest mit deinem Atem aus deinem Körper heraus schlüpfen und auf eine fantastische Reise gehen ... ... eine Reise zu dir selbst ... ... Wie ein Vogel dem Wind folgt, so folgst du dem Zug deines Atems und schlüpfst aus deinem Körper heraus ... ... Getragen vom Wind deines Atems ... ... verlässt du jetzt deine Gedanken und deinen Körper und gehst in das Land der Träume ... ... Im Land deiner Träume ist alles möglich, was du dir vorstellen kannst und noch viel mehr … … denn aus jeder Idee kann Wahrheit werden, wenn der richtige Augenblick dafür gekommen ist … … und wer weiß … … vielleicht ist dieser besondere Augenblick gerade jetzt … …

Distanzierung vom Bewussten. Du stehst auf der silbernen Straße, die zur Straße deines Lebens geworden ist … … zur Straße deines neuen Lebens … … und mit jedem Schritt gehst du tiefer in das Land der Träume … … weiter weg von der alten, ausgedienten Angst … … und mit jedem Schritt hast du das Gefühl, freier zu werden … … So gehst du in deiner Geschwindigkeit, in deinem Tempo deiner heutigen Reise entgegen … … Du lässt noch einmal die letzten Wochen an dir vorüber ziehen, denkst darüber nach, wie das war, als die Panikanfälle noch sehr schlimm und sehr häufig waren … … als du zum ersten Mal vom Land der Träume gehört hast oder zum ersten Mal von mir dorthin begleitet wurdest … … Du denkst darüber nach, was dir seither gelungen ist … … vielleicht auch über Ziele, die du hattest und an denen du noch weiter arbeiten kannst, weil du sie noch nicht oder noch nicht ganz erreicht hast … … Vielleicht gehst du inzwischen auch in deinen Nachtträumen oder in Tagträumen selbst in das Land der Träume, um dort immer wieder dir selbst zu begegnen … … und dich zu lösen von Verstrickungen der Vergangenheit … … wer weiß … … vielleicht bist du ja auch mit einem Teil von dir immer und jederzeit im Land der Träume und befreist dich immer wieder von Last und Leid oder sorgst dafür, dass sie erst gar nicht mehr aufkommen können … …

Bewusstseinsreinigung. Du kommst zu einer Wand aus purem Licht … … weißes Licht, das funkelt und strahlt … … Du gehst ganz nah heran und berührst die Wand mit deinen Händen … … Du kannst durch sie hindurch greifen … … und deine Hände und Arme werden von dem weißen Licht erfasst, das wie ein warmer Windhauch durch deinen ganzen Körper fließt … … Du beobachtest, wie deine Arme und Schultern weiß strahlen … … auch dein Oberkörper beginnt zu leuchten, und auch deine Beine strahlen weißes Licht aus … … Schließlich wird auch dein Kopf von weißem Licht erfüllt … … und du gehst mit der Kraft des Lichtes durch die Wand hindurch wie durch eine offen stehende Tür … …

Konfrontation und Klärung. Du stehst an einer Feuerstelle, die darauf wartet, von dir entflammt zu werden … … Neben der Feuerstelle findest du drei Bilder … … Du schaust dir die Bilder an … … Das erste Bild zeigt die Zeit der Entstehung deiner Angst, lange bevor die erste Angstattacke kam … … die Zeit als dir die ersten Steine deiner Panikmauer gegeben wurden oder in dein Leben kamen … … Du siehst ein Bild, das dich an die Zeit damals erinnert und als Symbol dafür steht … … vielleicht einfach ein Spielzeug aus der Kinderzeit oder ein Kleidungsstück, das dich an die Zeit erinnert … … Das zweite Foto zeigt die erste Panikattacke, die erste große, so plötzlich hereinbrechende Angst, die als Symbol für die gesamte Angst und das gesamte Thema der Angst steht … … Das dritte Foto zeigt eine viel kleinere Angst als die, die du so oft erlebt hattest, doch diese soll als Symbol dafür stehen, dass Gedanken der Angst eines Tages zurückkommen könnten, obwohl du sie schon überwunden hast … … oder dass die Angst irgendwann wieder stärker werden könnte, obwohl sie schon viel kleiner und milder geworden ist … … Vielleicht irgendwann im Stress und im Treiben der Zeit … … und den Fall, dass das passieren könnte, symbolisiert das dritte Foto … … Du willst heute alles Notwendige dafür tun, jeden Rest der Angst, der jetzt noch aus der Vergangenheit wirken könnte, loszulassen … … auch jede Angst, die in deiner Gegenwart als Gedanke da sein könnte, loszulassen … … und schließlich schon der möglichen Rückkehr oder Neubildung von Ängsten in der Zukunft vorzubeugen … … Du nimmst die Fotos in die Hand, und im gleichen Moment entfacht das Feuer … … Die Flammen züngeln nach oben, dem Himmel entgegen, wie die Flammen eines Osterfeuers … … Du beobachtest das Farbenspiel der Flammen, die zuerst weiß brennen … … Du erinnerst dich mit der Farbe Weiß daran, dass du dein Inneres in den letzten Wochen geklärt und gereinigt hast und es jederzeit wieder tun kannst … … Dann werden die Flammen hellblau als Erinnerung daran, dass du das Vergangene in seiner angstvollen Wirkung loslassen konntest und heute ganz loslassen kannst und immer wieder, wenn du willst oder wenn es nötig sein wird … … Als nächstes leuchten die Flammen silbern, um dich daran zu erinnern, dass deine Zukunft konstruktiv sein wird … … All das soll nicht umsonst gewesen sein … … Es kann und wird Gutes daraus entstehen … … Dann leuchten die Flammen goldgelb, um dich daran zu erinnern, dass das Lernen und Reifen und Wachsen in dir weiter gehen wird … … Immer wieder kannst und wirst du von deiner Vergangenheit konstruktiv lernen, denn nur dafür sind die Erinnerungen in dir und bleiben dort … … ihren angstvollen Charakter aber geben sie auf, denn der hat ausgedient … … Schließlich brennen die Flammen als goldene Flammen … … Das ist der Augenblick der größten Kraft … … das ist der richtige Augenblick, die Fotos nun symbolisch den goldenen Flammen zu übergeben … … Du schaust sie noch einmal kurz an … … Dann wirfst du die drei Fotos in die goldenen Flammen, wo sie zu Staub verbrennen … … Die goldenen Flammen lösen die Fotos und alles, wofür sie stehen, vollkommen auf … …

Schritt in die Gegenwart. Vor dir erscheint ein großes goldenes Tor, das Tor der inneren Freiheit, das dich einlädt, mit einem großen Schritt in die Gegenwart zu gehen und damit in die innere Freiheit … … Freiheit von Angst und Befürchtungen … … und damit in eine Gegenwart von Hoffnung und Zuversicht … … Kraft und Vertrauen … … denn alles Vergangene soll nun der Vergangenheit angehören … … Alles, was du in der Vergangenheit lernen und dort erledigen konntest, ist bereits getan … … Das goldene Tor öffnet sich und du gehst mit einem großen Schritt hindurch und kommst im Augenblick der Gegenwart an … …

Kreative Neuausrichtung. Vor dir liegt ein Feld mit roten Rosen … … Rosen ohne Dornen … … die Blumen der Liebe, doch hier im Land der Träume kann es immer nur die Selbstliebe sein … … die Liebe von dir für dich … … Das Feld ist so groß, dass du nicht bis ans Ende sehen kannst … … Dann gehst du durch das Feld … … berührst die zarten Blütenblätter mit den Fingern … … und wenn du ganz nah an die Blüten der Rosen heran gehst, dann hörst du, wie sie es dir zuflüstern … … Liebe dich selbst, so wie du bist … … Liebe dich selbst, so wie du bist … … Und dann nimmst du das wunderschöne Rot der Rosen ganz tief in dir auf, lässt die Kraft der roten Farbe auf dich und in dir wirken, sie erinnert dich daran, dass du es dir erlauben darfst, dich selbst gut zu finden … … dich selbst zu mögen … … und mehr noch, dich selbst zu lieben … …

Selbstversöhnung. Du schaust zum Horizont und weißt, dass dein inneres Kind dort auf dich wartet ... ... Inzwischen ist es groß geworden und wartet dort als dein erwachsenes Alter Ego ... ... Du kannst es dort treffen als Erinnerung daran, dass es immer wieder in deinem Leben Sehnsüchte, Wünsche oder Pläne geben kann und wird, die nicht erfüllt oder umgesetzt werden ... ... doch immer wieder, wenn ein Teil von dir dann innerlich stehen bleibt, um auf die Erfüllung zu warten, geht ein anderer Teil von dir weiter, um alles in Ordnung zu bringen ... ... Du weißt, wie das geht, denn du kennst das Land der Träume und seine Geschichte, die deine Geschichte ist ... ... Voller Vertrauen auf deine innere Kraft gehst du weiter durch das rote Feld der Selbstliebe ... ... Du lässt dir Zeit, die Zeit, die du brauchst oder dir nehmen willst, um den Horizont zu erreichen ... ...

Achtsamkeit und Selbsttreue. Du bleibst stehen, um einen Moment zu verweilen und das Land der Träume mit seiner ganzen Kraft für dich wirken zu lassen ... ... um für dich selbst und für dein inneres Kind Mut und Hoffnung zu schöpfen ... ... Du hörst das Lachen der glücklichen Kinder im Wind und dein eigenes Lachen hallt durch das Land der Träume ... ... Dann denkst du darüber nach, dass das Land der Träume ganz tief in dir drin ist ... ... Dort war es schon immer ... ... Ich erzähle dir nur davon ... ...

[Erlaube dir noch einen Augenblick der Entspannung und spüre in die Tiefe deines Gefühls. Nimm alle Bilder und Gedanken einfach an und begegne ihnen mit Achtsamkeit und Sanftmut. Lass deine Atmung bewusst werden. Spüre den Wind deines Atems und komm mit dem nächsten Atemzug zurück in deinen Körper. Spüre und erlebe deinen Körper bewusst. Spüre auch die Unterlage, auf der du sitzt/liegst, und bereite dich darauf vor, in Verbundenheit zu dir selbst wach zu werden. Dein Körper hat das Bedürfnis sich zu bewegen und du wirst nun wieder wach. Du öffnest die Augen und bist wach!]

Buchreihe: Im Land der Träume

Fantasiereisen für Erwachsene. Band 1 *ISBN: 978-3-7322-8620-1*
Selbstachtung und Selbstwertgefühl; Gewalt gegen die Mutter

Fantasiereisen für Erwachsene. Band 2 *ISBN: 978-3-7322-8627-0*
Psychosomatik; Panikanfälle

Fantasiereisen für Erwachsene. Band 3 *ISBN: 978-3-7322-8571-6*
Einschlafstörungen; Übergewicht und Essanfälle

Fantasiereisen für Erwachsene. Band 4 *ISBN: 978-3-7322-8572-3*
Sexueller Missbrauch durch Priester; Gewalt in der Kindheit

Fantasiereisen für Erwachsene. Band 5 *ISBN: 978-3-7322-8574-7*
Suchttendenzen (Alkohol); Angst beim Autofahren

Fantasiereisen für Erwachsene. Band 6 *ISBN: 978-3-7322-8581-5*
Burnout; Trauerbewältigung

Fantasiereisen für Erwachsene. Band 7 *ISBN: 978-3-7322-8605-8*
Prüfungsangst; Kontrollzwänge

Fantasiereisen für Erwachsene. Band 8 *ISBN: 978-3-7322-8608-9*
Ticstörungen; Schwangerschaftsabbruch

Fantasiereisen für Erwachsene. Band 9 *ISBN: 978-3-7322-8610-2*
Fehlgeburt; Flugangst

Fantasiereisen für Erwachsene. Band 10 *ISBN: 978-3-7322-8611-9*
Existenzangst; Hypochondrie

Weitere Fantasiereisen und Trancegeschichten

Wellen am Horizont. Trancegeschichten *ISBN: 978-3-8391-1394-3*
Trancegeschichten zu verschiedenen Themen

Heilsame Fantasien. Trancegeschichten *ISBN: 978-3-8391-0899-4*
Trancegeschichten zu verschiedenen Themen

Fang wieder an zu leben. Trancegeschichten *ISBN: 978-3-7322-4695-3*
Trancegeschichten zu Abbruch- und Umbruchsituationen

Spiegelbilder im See. Trancegeschichten *ISBN: 978-3-7322-9736-8*
Trancegeschichten zum Thema Beziehungen

Feuer am Wasserfall. Trancegeschichten *ISBN: 978-3-7322-9782-5*
Trancegeschichten zum Thema Gefühle und Stimmungslagen

Frieden mit dem inneren Kind. Trancegeschichten *ISBN: 978-3-7357-8853-5*
Trancegeschichten zur Vergangenheitsbewältigung mit dem inneren Kind

Im Land der Sternenkinder. Trancegeschichten *ISBN: 978-3-7322-8624-9*
Trancegeschichten für Eltern von Sternenkindern

Diesseits der Sternenbrücke. Trancegeschichten *ISBN: 978-3-7322-8623-2*
Trancegeschichten für Pflegekräfte

Buchreihe: Zehn Hypnosen

Zehn Hypnosen. Band 1: Raucherentwöhnung *ISBN: 978-3-8391-1838-2*

Zehn Hypnosen. Band 2: Angst und Unruhezustände *ISBN: 978-3-7322-4734-9*

Zehn Hypnosen. Band 3: Burn Out *ISBN: 978-3-7322-4717-2*

Zehn Hypnosen. Band 4: Übergewicht reduzieren *ISBN: 978-3-7322-4569-7*

Zehn Hypnosen. Band 5: Vergangenheitsbewältigung *ISBN: 978-3-7322-4719-6*

Zehn Hypnosen. Band 6: Suizidgedanken und Suizidversuche *ISBN: 978-3-7322-4722-6*

Zehn Hypnosen. Band 7: Psychoonkologie *ISBN: 978-3-7322-4725-7*

Zehn Hypnosen. Band 8: Zwänge und Tics *ISBN: 978-3-7322-4726-4*

Zehn Hypnosen. Band 9: Selbstvertrauen und Entscheidungen *ISBN: 978-3-7322-4727-1*

Zehn Hypnosen. Band 10: Trauerarbeit *ISBN: 978-3-7322-4729-5*

Zehn Hypnosen. Band 11: Psychosomatik *ISBN: 978-3-7322-8515-0*

Zehn Hypnosen. Band 12: Chronische Schmerzen *ISBN: 978-3-7322-8527-3*

Zehn Hypnosen. Band 13: Depressive Gedanken *ISBN: 978-3-7322-8528-0*

Zehn Hypnosen. Band 14: Panikanfälle *ISBN: ISBN: 978-3-7322-8533-4*

Zehn Hypnosen. Band 15: Gewalterfahrungen *ISBN: 978-3-7322-8535-9*

Zehn Hypnosen. Band 16: Posttraumatischer Stress *ISBN: 978-3-7322-8538-9*

Zehn Hypnosen. Band 17: Prüfungsangst und Lampenfieber *ISBN: 978-3-7322-8546-4*

Zehn Hypnosen. Band 18: Anti-Gewalt-Training *ISBN: 978-3-7322-8549-5*

Zehn Hypnosen. Band 19: Suchttendenzen *ISBN: 978-3-7322-8550-1*

Zehn Hypnosen. Band 20: Soziale Phobie und Kontaktangst *ISBN: 978-3-7322-8557-0*

Weitere Hypnosebücher

Die große Hypnosekartei. Textbausteine für Hypnosen *ISBN: 978-3-7322-8634-8*

Selbsthypnose. Das Praxisbuch *ISBN: 978-3-7322-4667-0*

Hypnose kreativ gestalten. Anleitungen für die Praxis *ISBN: 978-3-8448-0308-2*

Hypnosepraxis. Ein Leitfaden der Trancearbeit *ISBN: 978-3-8370-7629-5*

Reframing in Trance. Perspektiven mit Hypnose ändern *ISBN: 978-3-8370-7639-4*

Rückführungen. Leitfaden der Reinkarnationstherapie *ISBN: 978-3-8370-7642-4*

Der Hypnosebaukasten. Textbausteine und Anleitungen *ISBN: 978-3-8391-8109-6*

Grundkurs Hypnose *ISBN: 978-3-8391-0170-4*

Suggestionen richtig formulieren *ISBN 978-3-8370-9519-7*

Suggestionstexte und Hypnosevorlagen

Hypnosetexte 1. 50 ausformulierte Suggestionstexte für den Hypnosehauptteil *ISBN: 978-3-7322-4658-8*

Hypnosetexte 2. 50 ausformulierte Suggestionstexte für den Hypnosehauptteil *ISBN: 978-3-7322-4659-5*

Hypnosetexte 3. 50 ausformulierte Suggestionstexte für den Hypnosehauptteil *ISBN: 978-3-7322-4660-1*

Hypnosetexte 4. 50 ausformulierte Suggestionstexte für den Hypnosehauptteil *ISBN: 978-3-7322-4665-6*

Hypnosetexte 5. 50 ausformulierte Suggestionstexte für den Hypnosehauptteil *ISBN: 978-3-7322-8631-7*

Hypnosetexte 6. 50 ausformulierte Suggestionstexte für den Hypnosehauptteil *ISBN: 978-3-7322-8625-6*

Heilpraktikerbücher

Heilpraktiker für Psychotherapie. Prüfungswissen *ISBN: 978-3-8334-9867-1*

Heilpraktiker für Psychotherapie. Die mündliche Prüfung *ISBN: 978-3-8334-9868-8*

Heilpraktiker für Psychotherapie. Die schriftliche Prüfung *ISBN: 978-3-8370-0347-5*

Heilpraktiker für Psychotherapie. 20 Fallbeispiele *ISBN: 978-3-8370-1090-0*

Endlich Heilpraktiker. Die häufigsten Irrtümer in der Psychotherapieprüfung *ISBN: 978-3-8370-0329-1*

Übungsaufgaben Psychotherapie. Zur Vorbereitung auf den kleinen Heilpraktiker *ISBN: 978-3-8370-0683-4*

Crashtest Psychotherapie. Zur Vorbereitung auf den kleinen Heilpraktiker *ISBN: 978-3-8370-0709-1*

Spezialtest Psychotherapie. Für kleine und große Heilpraktiker *ISBN: 978-3-8370-5838-3*

Heilpraktikerprüfung Psychotherapie. 200 kommentierte Aufgaben *ISBN: 978-3-8370-6017-1*

Diagnosetraining Psychotherapie. Ein Arbeits- und Nachschlagebuch *ISBN: 978-3-8370-4281-8*

Psychotherapie. Der Fragenkatalog. Fachwissen Heilkunde *ISBN: 978-3-8370-5396-8*